JN261141

教育を忘れた学校化社会

― "意味ある他者" 理論から見る私の教育学 ―

佐多不二男　著

序にかえて

　この本は、私が今まで大学や高等看護学院等で「教育原理」や「教育学」などの授業として学生に教えてきたことを改めてテキストとしてまとめたものです。ですから、私が他の書物や雑誌或いは講演などで既に発表したものが加筆されたり修正されたりしてここに収まっていますが、中には発表しようと思いながらもそうならなかったものや新たに書き下ろした部分もあります。

　テキストとしてまとめているのですから、読む人は学生を想定しています。でも読んでいただければわかると思いますが、この本で私が訴えていることはむしろ現在子どもを育てている多くの親の方々や子どもを教育する責任のある人々、その中でも特に学校の教師をしている方々に読んでもらいたい内容だと思っています。

　表題中の「学校化社会」とは、「学校という社会機関を通過する価値が不当なほどに膨らんでしまい、それが生活の様々な領域に浸透した結果、人の評価もそうした視点から行われるようになってしまった社会」を指しています。このような学校化社会（schooled society）を早い段階で批判したのはかの有名なイヴァン・イリッチでしたが、今日の日本の状況はまさにこの概念がイメージするところと重なるのでこの表現を使わせてもらいました。

　同じく表題中の「教育を忘れた」の意味は、学校や家庭は、本来人間の可能性を可能な限り引き出し人間形成を図るべきところですが、必ずしもそうした機能を果たさず、むしろ人間の可能性を限定したり殺いだりしてしまう場となってはいないだろうか、つまり本来の"教育"のあり方を見失っているのではないだろうかという問題指摘を込めています。

　私は授業の中で新聞の切り抜きをよく使います。教育に関わる現実の出来事をよく伝えられるからです。記事の取り上げ方については十分な注意を必要としますが、私は私なりの教育の原点から捉えるというやり方で記事を活用したいと思っています。そしてこの書物は全体として一つの視点から論を展開しますが、その視点を支えてくれる他の研究者の成果も使わせていただきたいと考えています。

　教育に関わる私自身の体験もいくつか織り込みながら本書を書き進めますので、最後までお付き合いいただければ幸いです。

目次

序にかえて…3

第1章　どこに問題があるのか…7

第2章　家庭内で起こった暴力（殺人）事件について…19
　　１．開成高校生殺人事件…20
　　２．高校生の祖母殺人事件…26
　　３．金属バット殺人事件…37

第3章　不登校について…49
　　１．「不登校」問題についての私の見方…50
　　　　一　不登校児の多い国、日本…50
　　　　二　渡辺位（たかし）氏から学ぶこと…50
　　　　三　奥地圭子氏らから学ぶこと…55
　　　　四　現行の公教育体制を問う…58
　　２．「教育シンポジウム」から学んだこと…59
　　３．「不登校」との関連で紹介しておきたいこと…65
　　　　（1）　松田国男先生とS君との出会い…65

第4章　いじめについて…79
　　１．「いじめ」問題に対する私の捉え方…80
　　　　はじめに…80
　　　　一　外国におけるいじめ問題への取り組み状況と
　　　　　　優れた例から学ぶこと…82
　　　　二　日本の過去における学校・教育委員会の
　　　　　　誤った対応から知ること…90
　　　　三　いじめとの関連で公教育の有り様を考える…94
　　２．「いじめ」問題に関連してコメントしておきたいこと…97

目次

第5章　どんな教師が"意味ある他者"になれるのか…103
　　　1．ある校内暴力事件の事例…104
　　　2．ある校長先生の教育実践から…117

第6章　"まとめ"の前に知っておきたい「理論」と「説」…139
　　　1．シアーズらの「同一化」理論…140
　　　　（1）性差が見られるという仮説…145
　　　　（2）養育の仕方によって良心の発達に差が現れるという仮説…146
　　　2．マートンの「予言の自己成就」説…152

第7章　まとめ：子どもと関わるための基本的視点…165
　　　1．家庭教育の基本的視座…166
　　　2．子どもの幼児期・少年期に心がけたいこと…170
　　　3．能動的体験の場を地域につくろう！…173
　　　4．成長阻害要因には要注意！…178
　　　　（1）メディアの暴力について…178
　　　　（2）ゲーム脳の恐怖について…183
　　　　（3）環境ホルモンについて…190
　　　5．子どもと向き合うということ…200

第8章　私の"意味ある他者"研究…207
　　　1．"意味ある他者"の概念について…208
　　　2．私の"意味ある他者"研究の紹介…219

結びにかえて…231

第1章

どこに問題があるのか

もう20年以上も前のことになりますが、私が山形に赴任してから3年目のことです。私の所属する山形大学教育学部の教育学教室には私も含めて8人の教官がいました。この教室では学生指導のために（ギリシャ語で教育を意味する"パイデイア"という）機関誌を毎年出していたのですが、その年は教官が書く小論稿のテーマを統一して「非行を考える」にしました。(1)当時はまだ、山形では"荒れる"中学というような言葉が使われており校内暴力の現象は治まっていなかったのでこうした運びになったと記憶しています。

　この時、私が書いたのが以下の「青少年の非行について―序論的考察―」の小論です。少しタイムスリップしてその当時の私の問題提示を読んで下さい（文章は「である」調になっていますが、そのままのスタイルにしておきます）。

　　青少年の非行に関する著書の出版が、ここ最近随分多いような気がする。現に私の研究室だけでも、最近刊行されたもので青少年の非行を扱った書物が十数冊あり、青少年の反社会的行動ではなく非社会的行動に関するものも加えれば、その数は倍にもなろうか。それだけ、青少年非行の問題や、登校拒否など子どもの非社会的行動の問題は、今日ゆゆしき段階に立ち至っているとの見方がなされているのであろう。

　　上記の書物は、青少年非行の種々のケースを紹介し、様々な角度から非行の原因を追究し、またそれぞれのケースに応じたいろいろな対処のしかたについて論じている。

　　本日は、遅れ馳せながら、私も非行問題についての論者に加えさせてもらう訳だが、この度のねらいは、日頃この問題に関して私が抱いていた考えをまとめて提示することである。その際、私がとる視点は、あくまでも対症療法的なものでなく、青少年の非行問題を、多くの青少年に共通な環境条件の劣悪さから派生するものと把握するところから出発する。

---

(1) 教育学教室の8人の教官の専門領域はそれぞれ異なります。皆、教育学の領域内のことを研究しているのですが、研究の対象領域や方法が違うということです。そこで、それぞれの違った研究視点から統一テーマに迫ろうとした訳です。

昭和49年に余暇開発センターが発表した「子どもの遊びに関する調査」（都内の4つの小学校の2・4・6年の児童が対象）の結果の中に、見逃すことのできないものが含まれている。それは、対象児童は数量化Ⅲ類という多変量解析により、「万能タイプ」「勉強好き」「勉強ぎらい」「無気力タイプ」という4つのタイプに分けられるが、2年生では「万能タイプ」と「勉強好き」の合計が66％と多く、逆に6年生では「勉強ぎらい」と「無気力タイプ」の合計が61％と多くなっているという結果である。詳細な説明は省くが、これは要するに、小学校を卒業するまでの間に、3人に2人は勉強ぎらいになるか、何にもヤル気をおこさないダメな子どもになってしまう、ということを示唆している〔以上、昭和49年5月13日付け「日経新聞」より〕。

　また、昭和52年に行った東京都の「子ども基本調査」（都内の小学校3・5年生、中学校2年生、計1612名の対象者）も同様の結果をだしている。即ち、ここでも同様の手法で、「おっとり型」「イジケ型」「ちゃっかり型」「しっかり型」の4つの子どもタイプを析出しているが、ここで明らかにされたことは、「しっかり型」が多かった小学校の低学年から、高学年へと進み、さらに中学生になると確実に平均的にはいじけた子どもになっていくということであった。そして今一つ重要なことは、勉強できるかできないかについての自己評定もまた「しっかり型」から「イジケ型」への移行と対応しているということである。それは、大方の子ども達にとって、学校で教育を受け続けるという過程は、何と勉強ができないという宣告を受ける過程であり、そのため自分への自信を失いイジケた人間になっていく過程である、ということを意味する〔以上、「児童の社会学」、『現代教育の社会学』、文教書院、より〕。

　これら2つの調査結果は、我々に単純だが重大な警告を与えてくれている。それは、学校はやはり大量の「落ちこぼし」を産みだし、子ども達を学力という物差で評価し序列化し、その結果、多くの子ども達に、彼らの行動パターンやパーソナリティを変えてしまうほど大きな精神的ダメージを与えているということである。小学校から中学校へかけてなされてきたこの選別は、高校入試に至るまでの徹底した学力による進路指導によりさらに極められ、そ

して序列化された高校への入学で一段落がつく。もっとも選別の過程はこれで終わる訳ではなく、進学の可能性のある高校では少しでも就職に有利な大学へと再び競争が展開されるが、しかし大方は先が見えてくる。この一連の選別過程で脱落していく子どもの意識はいかなるものであろうか。それは、一口に言って「劣等意識」であり、"どうせ俺なんか"という意識である。この意識は、早くから落ちこぼれていった中学生や底辺校の高校生ほど強い。彼らは、学校で教師から期待されていないことを肌で感じとっている。最後まで味方してくれるはずの親とて、子ども達に同種の物差による期待を寄せる限り、その期待は裏切られ続け、やがて"この子はダメなんだ"と思いはじめる。そして、親のそんな意識は子どもに敏感に伝わり、親ももはや自分を期待してくれない存在であることを子どもは知る。

　愛されることのない者は、人を愛せない。そして期待されることのない者は、期待してくれない者に対して、その期待通りの行動をする。それが子ども達にとって重要な位置にいる人間なら、その反動もそれだけ大きい。マートンの言う「予言の自己成就」説は、今日の日本の子どもをとりまく状況にこそよくあてはまるのではなかろうか。良心の形成過程を思い起こしてほしい。良心は、子どものことを大切に思い要求を課す、親のその期待に子どもが応えようとする過程の中で形成される。だから、子どもへの働きかけ手の中心となるべき教師や親が、子どもにとっての「意味ある他者」となり、正しく期待することが必要なのである。　　【『パイデイア第4号』、1981年、所収】

　本書を通して私が皆さんに語りかけたいことがらは、実はこの小論の中に大方が示されています。特に最後の段落で述べていることが"私の教育学"のエッセンスであると思っています。ここで示した私の見解を後の章では1つひとつ確認していきたいと思います。
　それでは、上述の小論について少しコメントを加えてみましょう。私が赴任した（昭和53年）頃の山形で、学校現場の問題となっていたのは（都会より遅れて起きてきた）「校内暴力」であり、「いじめ」が問題となるのはそれから数年経ってからで

す。また、「不登校」の問題も当時はまだ「登校拒否」あるいはそれ以前の呼び方である「学校ぎらい」と言われており、山形ではほとんど問題にはなっていませんでした。

　余暇開発センターの「子どもの遊びに関する調査」は2つの意味で重要な調査だと私は思っています。1つは、子どもの遊び意欲が失われてきていることを早い段階で危惧し、子どもが遊べなくなった、あるいは遊ばなくなった結果として子どもの「内面」にどのような変化が起きているのかを明らかにしたことです。もう1つは、この調査の中で使われた統計的手法が数量化Ⅲ類というその当時はまだあまり使われていなかったやり方なのですが、それを使いこなしているところです。この手法は、同じような行動パターンをとる人たちをグループとしてまとめ、その共通する行動パターンの中に特徴を見つけ、それに見合った名前をつけ、他のグループとの比較をするというものです。「万能タイプ」とか「無気力タイプ」とかいう呼び名も、それぞれのグループの人たちがよくとる行動パターンの特徴からそう命名されたものです。上記の「日経新聞」に「"遊びを忘れた教育"を問う」と題する記事でこの余暇開発センターの「子どもの遊びに関する調査」を取り上げているのは、当時日経新聞の記者をしていた門脇厚司氏(前筑波大学教授、現東京家政学院筑波女子大学学長)です。先の『パイデイア』中の調査結果の紹介のくだりは、氏の分析を引用させてもらいました。

　東京都の「子ども基本調査」は、余暇開発センターの調査と同じような結果を示していますが、調査対象が中学生にまで拡げられているところに意味があります。『現代教育の社会学』というテキストの「児童の社会学」の章で、上記のように問題指摘しているのは、当時はまだ大学院生でしたが、現在筑波大学で教鞭をとっておられる飯田浩之氏です。これも引用させてもらいました。

　私がこれら2つの調査結果を利用させてもらったのは、後の文章で問題提起する

---

(2) 私の研究室の教え子のIさん(昭和53年度入学)は、卒業研究で「いじめ」をテーマとして取り上げ山形市内のある学校を調査させてもらいました。その時の校長先生の話では「うちの学校では問題とされるような子ども達の行動はないと思いますよ」ということでしたが、調査結果はそうではありませんでした。恐らくその頃、山形の教育現場では「いじめ」などの問題は大都会に起こるものだと思われていたのではないでしょうか。Iさんの調査はいじめに関する山形での最初のものと私は判断しています。また、「いじめ」に関する文献は、当時はまだ研究室に2冊ほどしかありませんでした。

ことにつなげられるからです。学校は何をするところかと問われれば、「そりゃー子ども達に知識や技術を教えてやがて社会で要求されるような能力が身につくようにするところさ」と答えるのがごく常識的な見方でありましょう。このことを教育学的に表現し直しますと、「子どもが持っている潜在的可能性を目一杯引き出すような働きかけをし、子どもの全人格の形成を図るところが学校である」ということになりましょう。つまり、1人ひとりの子どもの人間形成を図るところが学校であり、学校は本来そういう機能を社会に対して果たさなければならないと理念的には考えられているのです。

　ところがですね。上の2つの調査結果は、現実にはそうした理念とはむしろ逆のことを示しているわけです。なにしろ、小学校の低学年では「万能タイプ」や「勉強好き」が多いのに高学年では「無気力タイプ」や「勉強ぎらい」が多くなったり、小学校の低学年では「しっかり型」が多いのに中学校では「イジケ型」が多くなったりするということは、学校生活はある種の子ども達には自信とヤル気を与えるが、他の多くの子ども達には自信とヤル気を奪うという結果をもたらしていることになるのですから。このように学校が本来の教育的機能を果たせなくなってきていることを上の2つの調査は端的に示していますが、これは学校化社会の中の学校の姿を象徴するものと私は捉えています。

　子どもから意欲を引き出すようなはたらきを学校がしているとき、学校は社会に対して順機能を果たしているというように捉えることができます。とすれば、子どもの意欲を萎ませるような影響をもたらす場合は、学校は社会に対して逆機能を果たしているというように言えないでしょうか(3)。

　そのような機能の果たし方を、次の段落で私は"選別"と言っているのです。それは決して"教育"と呼べるものではありません。ところで、社会学の分野では"その人特有の行為の様式"のことを"パーソナリティ"と言います。先の2つの調査では、似たような行動パターンをとる子ども達のその行動パターンが、学年が長ず

---

(3) もっとも、社会学者の中には、有能な人材を選り分けるという学校の機能は社会の必要に応えてなされているのだから、選り分けるというはたらきを逆機能と呼ぶのはおかしいと言う人も少なからずおります。しかし、子どもの意欲や可能性を摘み取ってしまうようなはたらき（"はたらき"という表現はおかしいかもしれない）は、やはり学校が本来果たすべき機能とは逆のものだと私は思います。

るに従って、他の類型の行動パターンに変化していくということは、その子ども達のパーソナリティが変わっていくということです。このように選別の過程は、子ども達のパーソナリティを変えてしまうほどの影響を及ぼしているのです。

つぎに、この選別の過程と密接に結びついている世間の差別意識について、私の体験を絡めて少しお話してみたいと思います。私は山形県の教職員組合組織が設けている山形民研（組合員である現場の先生方に、教育問題についての研究成果を届けることを任務とする教育研究機関）の所員を、赴任して間もない頃からしています。この「パイデイア」の原稿を書くちょっと前くらいの年だったと思いますが、その民研で、"荒れる"中学校との関連で「青少年の非行について考える」という緊急座談会が開催されました。この時の講師はお２人で、おひとりは警察で補導関係の仕事をしている人でした。もうひとりの方は高校の先生で、ここではこの方のお話をしたいと思います。（もう20数年前の話ですから定かでないところもあります。おおよそ、このような話だったというようにお聞き下さい。）

　　［私は○○高校に勤めております。今日はこの緊急座談会に遅れてきまして大変申し訳ありませんでした。実はうちの３人の生徒と午後から喫茶店で話をしてきたものですからこんなに遅くなってしまいました（注　その日は土曜日で、学校とは違ったくつろいだ雰囲気の中で生徒達と話をしたかったので、喫茶店で生徒指導をしてきたということです）。生徒と話をしてからこちらに来ようとしたら、生徒達が別れ際に目を涙で潤ませながら私に言うのです。「先生、ありがとう！　私たちこんなに長く先生と話をしたことは小学校でも中学校でも一度もなかった。私たちの気持ちを聞いてくれて本当にありがとう」と。私は、この子達が高校に入って来る前の長い生徒生活の中で、教師から受け入れられ認められるような経験をほとんど持たず、表現しえないほどの心の傷を負ってきていることを本日改めて知りました。

　○○高校には、こうして傷ついてきた子達がたくさん通ってきています。そして、○○高校には、世間から不良・非行と呼ばれるような行動をとってしまい問題となるようなことはおよそ何でもあります。マニキュアや髪の脱色、

ソリを入れる、シンナーを吸う、万引き、喝あげ等というように。ですから、今私たち〇〇高校の教師たちはこの子達を卒業後どこに出しても恥ずかしくないような若者に育てましょうと職場で一丸となって生徒指導に熱心に取り組んでいるところなのです。市内のどの公立高校の教育にも負けないような教育をしようと。

　しかし、世間の大人の意識の中にも偏見といいますか、差別意識というものがありまして、それがまた子ども達の気持ちを傷つけているのです。ある時こんなことがありました。私は、私立高校の教師ですから、中学校の方へ出掛けていって「うちの高校にはこのような専門コースがあり、このようなカリキュラムで教育をしています。どうかうちの高校にもおたくの生徒さんをよこして下さい」というようなお願いをします。ある中学にお邪魔した時のことですが、そこでは、中学の進路指導の担当の先生と玄関先でお話をしていました。「〇〇高校の先生ですか。うちの生徒にはそちらの高校を希望する者があまりいません」というような返答がありました。そんなやりとりをしている時のことです。◎◎高校の私と同じ立場の先生が訪ねてきたのです。そうしたら、私と話をしていたその中学校の先生が、「◎◎高校の先生ですね。校長室の方へどうぞ」と案内をしたのです。同じ高校の教師なのに、片やレベルの高いと言われる特進科を持つ高校と、片や誰でも行かれるレベルの高くないところと評価されている高校とでは、教師までが差別待遇される、しかも中学校の教師からですよ。本当に悲しい気持ちになりました。」

　世間の大人たちの持っている差別意識が顕れたものとして、もう1つの事例を紹介しておきましょう。これも20数年前の話ですが、幼児のいる母親達のグループ活動の最中での出来事です。子どもが、道路を自転車で走ってくる高校生達を見て、母親に尋ねました。「あのお兄ちゃんとお姉ちゃんたち、どこにいくの？」　すると、母親はこう答えました。「あのお兄ちゃんやお姉ちゃんたちは向こうの方に学校のグラウンドがあるからそこに行くのよ」と。そしてその後にこう付け加えたのでした。「あのお兄ちゃんやお姉ちゃんたちはね、勉強しなかったからその高校に行っ

たのよ。」後で聞いたのですが、何でもそのお母さんは山形では有名な公立高校を出ているそうです。格の違いを子どもに示したかったのか、或いは「あんたたちも勉強をしっかりやらないとあのお兄ちゃんやお姉ちゃんたちみたいになっちゃうのよ」という警告を発したかったのかはよく分かりませんが、そのお母さんが優越意識を持ってその高校生達を見ていたということは確かだと思います。

　私が上記2つの事例を示しましたのは、学校化社会と呼ぶことができる現代の日本には、このような差別意識や感覚を多くの人たちが持っているということを言いたかったからなのです。もちろんそのような意識や感覚を公の場で露骨に示す人は顰蹙をかいますのでそれほど多くはいないでしょうが、私的な会話の中でとか本音を語れるところでは多くの人たちがそうした表現をしているのではないでしょうか。問題はそうした空気が充満している世界の中で子ども達は生活しているということなのです。

　つぎの説明に入ります。小論中の「最後まで味方してくれるはずの親とて、子ども達に同種の物差による期待を寄せる限り、その期待は裏切られ続け、やがて"この子はダメなんだ"と思いはじめる」というところについてです。「学校の成績が悪くたって自分の子どもを見放す親がどこにいるんだい？」というような声が聞こえてきそうです。古くから日本で言い伝えられてきた教訓的な言葉があります。「おなかを痛めて産んだ子が憎いわけがない」「馬鹿な子ほど可愛い」。親の人情を表す言葉としては確かにその通りなのですが、私がやった調査からはそのような結果は出てきませんでした。

　その調査は昭和54年に山形市近辺の公立高校の生徒及びその親を対象として行ったものです。調査票の中には、「あなたは、以下の人たちから日ごろ何かにつけ期待をかけられていると感じていますか」という質問を用意しました。"以下の人たち"とは、親と高校の先生、先輩、友人です。回答は、「非常に期待をかけられている」「まあ期待をかけられている」「あまり期待をかけられていない」「無視されている」の4段階になっている選択肢の中から1つを選びます。分析の仕方は単純で次のようにしました。「非常に期待をかけられている」（を選んだ人）に2点、「まあ期待をかけられている」に1点、「あまり期待をかけられていない」に－1点、「無視さ

れている」に－2点のスコアを与えて、ある高校の回答者全体の合計を出します。その後、回答者数で割って平均値を出します。それがその学校の高校生達の被期待度指数となります。こうすれば他の高校と"被期待度"を比較できます。この調査では5つの普通課程の高校と3つの実業課程の高校に調査協力をしてもらいましたが、親からの"被期待度"についてそのように比較してみたところ、普通高校のグループ内と実業高校のグループ内それぞれにおいて、世間が入学難易度によってランク付けするそのランキング通りの"被期待度"が出てきたのです。

　これはどのように解釈すればよいのでしょうか。調査をする前、教師からの"被期待度"についてはこのような結果を予想できましたが、親についてこうなるとは考えていませんでした。ですから、調査前は私も常識的な線で、"親は誰しも自分の子どもを可愛いく思うのだから、自分のどの子の成長をも期待しているはずである"と思っていました。ですが実際には、世間の高校に対するランク付けに対応するかのように、親からの被期待度指数に差が出てきたのです。そこで、そのような結果が出てきたのは、親が実際に自分の子どもを学業成績を中心とした評価尺度で期待しているか、もしくは親はそうではないのに、子どもの方の抑圧された意識が子どもにそう思わせたからであろうと、私は解釈したわけです。

　いよいよ、最後の段落についてのコメントです。

　「愛されることのない者は、人を愛せない」という文章は、単純ですが大切なところです。人は他者から愛されるという経験をしてはじめて愛されることの"喜び"を知り、その"喜び"を与えてくれる人を愛すようになるのです。愛すという行為は本来相互的なものなのです。もちろん、相手が自分のことを何とも思っていないのに勝手に相手も自分のことを好きになってくれるはずだと思い込むような場合もないわけではありませんが、そういう愛は満たされることがないので長続きもしませんし、ちょっと変質的でもあります。幼少時の子どもとの関連でこのことを考えてみますと、親から受け入れられ十分に愛されてこなかった子どもは他の人をどう愛したらよいのかわかりませんし、他者と自分を置き換えて他者に同情したり他者を思いやったりすることがなかなかできないのです。

　つぎの「期待されることのない者は、期待してくれない者に対して、その期待通

りの行動をする」という文章はちょっとひねってあります。"期待してくれない"という行為は本来の意味の"期待"の内容には入らないからです。しかし私の言いたいことはわかってもらえますよね。例えば、教師がある生徒のことをいろいろ問題のある子だと思っていたとします。(4)その教師が授業中隣の生徒を巻き込んで私語をしているその生徒に注意したところ、彼がふて腐れた態度をとったので、教師の方も腹を立てて日頃の彼の素行をなじってから「そんなことを続けていると、お前はそのうち本当に不良になっちまうぞ」と生徒達皆の前で叱りとばします。その教師からかなり以前から相手にされていない、いや無視されていたと感じており、不満をつのらせていた生徒は、教師のその最後の言葉を聞くと切れて「おー、結構じゃないか、あんたがそれだけ言うなら、俺はあんたの言うその"不良"とやらに立派になってやろうじゃないか」と切り返す。そして、これが感情的な一時のやりとりの中での啖呵で止まらず、意地や教師（学校）側への対抗心となってやがてその生徒が本当のワルになっていくという過程は、実在するのです。

　マートンのいう「予言の自己成就」説については、まとめの前の6章でもう少し丁寧に説明しますが、この件では、子どもの可能性をもっと信じ、その可能性を引き出すような働きかけや関わり方を学校でも家庭でもいたしましょうと訴えているのです。子どもは、どの子も"善さ"（村井実先生の言葉）や"賢さ"（林竹二先生の言葉）を持っています。その"善さ"や"賢さ"が花開くことを信じてこそ"教育"は成功するのだと言いたいのです。

　良心の形成については、これも6章でじっくりと見ていきたいと思います。最近、文部（科学）省が"幼い頃からの心の教育"などということを言っていますが、私は政策的な観点からではなく、子どもが良心なるものを形成していくためにはどのような環境が必要かを述べてみたいと思います。

　そして、締め括りの部分にあたるのが、私の教育学の中心的概念であり、副題に

---

(4) その問題とは、遅刻が多く宿題もやってこない。授業中はまじめに教師の話を聞かないし、注意をしたら反抗的な態度をとる。そして服装も最近乱れてきた。そういう調子だから成績も悪くなる一方だし、そればかりかクラスの中で彼に同調する者が出始めてきた。本当に困った奴だ、と教師が考えるようなケースを想定してみて下さい。

も示した"意味ある他者"について述べている文章です。この件は、2章以降の各問題を検討していく際の基本的視点となりますが、"意味ある他者"という用語や理論については特別の章をまとめの章の後に用意し、私の考察とささやかな研究成果を紹介しますので、後ほどお読み下されば幸いです。しかし、この段階で"意味ある他者"という用語のイメージを皆さんに知っておいていただくために、ここでは、私が高校生を対象として行った前述の調査で用いた言葉遣いを紹介しておくことにしましょう。

　その調査では、高校生にとっての"意味ある他者"を確認するために、次のような2通りの質問を用意しました。1つは、「あなたには、その人のいうことならすなおに聞き入れ、その人の指示や考えに従いたいと思う人が現在いますか」というものです。もう1つは、「あなたには、できることならその人のような生き方をしてみたいと思うような模範になる実在の人物がいますか」です。どちらも、高校生に影響力のある人物を想定しています。しかも、その影響力の源は上からの押しつけによるものではなく、高校生自身が"そうしたい"或いは"そうなりたい"と選んでいる人物なのです。

　親や教師がそうした存在になれますと、家庭や学校の"人間形成力"(或いは普通の表現で"教育力")は高まります。もちろん、このことは高校生についてだけではなく、中学生や小学生についても言えることなのです。そして、もう1つ大切なことを私の教育学では付け加えさせてもらいます。それは、子どもに対して正しい期待の寄せ方をするということです。私が本書全体を通して訴えたいことは、子どもの教育に責任のある人たち皆がそれぞれの子どもにとっての"意味ある他者"であり続けるよう努めるとともに、子どもに対しては正しい期待の寄せ方をしていくことが大切だということなのです。

　今私が述べたことは理屈としてはそれほど難しいことではありませんが、現実の生活の中で子どもとの関係を上述のように実現していくことは容易いことではありません。それがなかなか出来ないからこそ様々な問題が生じてくるのです。

　次章においては、"意味ある他者"にはなりえても期待の寄せ方を誤ったために起きたと思われる事件をいくつか紹介し、検討を加えてみましょう。

第 2 章

家庭内で起こった暴力（殺人）事件について

この章では、誤った期待のかけ方が子どもを追いつめ、そのため悲しい事件にまで至ってしまったケースをいくつか取り上げ、なぜそのようなことになったのかについて、私の見解を示そうと思います。

1. 開成高校生殺人事件

　初めに取り上げるのは、1人息子の家庭内暴力に思い余った父親が息子を殺してしまい、さらに母親も自殺した事件―いわゆる「開成高校生殺人事件」です。この事件は、朝日新聞社の記者、本多勝一氏が検証「子どもたちの復讐」①（1979年2月22日付け「朝日新聞」の"にゅうす・らうんじ"に掲載）で取り上げています。そこで、まず以下に本多氏の記事を、事件の輪郭と当事者の意識についての描写及び氏の見解を損なわないよう気をつけながら抜粋してみましょう。

　　　A少年の「家庭内暴力」は確かに猛烈をきわめたようだ。学校ではむしろおとなしい方のAが、帰宅するや否や、まず大声で泣く。「外で人を殺したい気持ちをガマンしておさえ、やっとの思いで帰るので泣くのだ」とAは説明した。
　　　そして泣き終わると大暴れが始まる。手当たり次第にものを投げつけ、家族を殴り、けとばす。飲食店経営の父親は普通深夜に帰宅するため、攻撃は主として在宅の母親と祖母に向けられた。洗面器で10杯くらい頭から水をかけてグショぬれにしたり、寝ているときにフトンをはいで外に投げ、部屋中に水をまいて眠れなくする。そとへ逃げだしても追いかけて水をかける。破壊の音や叫び声が毎日のように近所の家まで聞こえ、ものに火をつけて戸外へ投げる様子も見られた。それが何カ月もつづく。事件の数日前には包丁をかざして父親に切りかかり、サラで頭をなぐって負傷させたため、パトカ

---

(1) 検証「子どもたちの復讐」は、この①の後、②「高校生の祖母殺人事件」、③「原因は何か対策はあるのか」、番外編「読者の反響―寄せられた便りを中心に」と4回にわたり連載されました。これらの記事に関心のある方は、後ほど単行本としてまとめられ、より詳しい内容が収められていますので、そちらを参照して下さい。本多勝一編『子供たちの復讐』上・下、1979年、朝日新聞社。

ーを呼んで精神病院に収容しなければならなかった。

そのようなAが、いつものように暴れまわって寝た事件当夜、下帯を手にした父親は、豆電球の下で１人息子の寝顔を見つめた。Aはあお向けに眠り、父親はそのまくらもとに正座していた。「また一番だよ」と満点の答案を持って家に駆け込んだ小学生のころの笑顔。どうしてそれが、こんな子に育ってしまったのだろう。そう思うとふびんになって手が出せなくなった。が、すぐにつづいて、母親や祖母を追いかけるAの狂ったような顔、逃げる彼女らの必死の顔が、そうした思い出を打ち消した。下帯が息子の首にまわされ、「無我夢中でしめてしまいました」。

父親は妻と相談の上、２人とも自殺を決意して浜名湖へ行くが、死にきれずに自首する……。―（略）―

長子でひとりっ子のAは、両親と祖父母、すなわち４人のおとなにかこまれ、多かれ少なかれ「ちやほや」されて育った。幼稚園に行ってもボタンを自分ではめられず、小学校（私立）では鉄棒ができないなど、同級生に負い目を感ずることが多かったようだ。母親が車で小学校へ送り迎えしたこともあった。しかし小学校の成績はいつも一番だったので、家庭外でのそうした負い目も精神的安定を崩すには至らなかった。これについて母親は「私自身も子どものころ一番でしたから、べつに大したこととも思っていませんでした」と証言、開成中学への進学も当然と受けとめていたという。

「一番なら、さらに家庭教師を週２回つけたり、日曜に有名進学塾へ通わせたりする必要がなぜあったか」という検察官の質問に対し、父親は「世間並みにと思っただけです」と答えている。しつけも「世間並みに」、その将来についても「世間並みに」考えていたと父親は証言した。事実、都会のある種の層の意識では、小学生の有名進学塾通いや家庭教師はもはや「世間並み」のことになってしまっている。

だが、その「世間並み」ていどの干渉と、「試験が好き」で結果報告に家へ駆け込む日常の集積として、Aの価値観は「勉強」だけ――いわゆる"主要科目"の試験に強いという意味での勉強だけ――にしぼられてゆく。今の教育

体制では、「勉強」することしか能力や趣味を持たない子か、あるいは周囲の重圧によってそのように改造させられた子、つまりは異常な子でなければ、なかなか進学できなくなった。したがって「異常」がそのまま「世間並み」ということになる。人間の価値の多様性が、偏差値に支配された「勉強」というモノサシ一本で測定される。A少年の人生は、このモノサシがすべての基準になってしまった。その結果、進学先の有名中学・高校でどうなったか。

中学時代のAは成績がまだ上位をしめていたが、高校になると上中下に分ければ「下」(クラス50人中40番)になった。これはAにとって恐るべき事態だったに違いない。こうした場合の心情がどんなものかを、Aと同じ高校のある生徒は次のように語る——。

「自分もそうだったんだけれど、塾通いをした小学生のころから"勉強する生活"になれています。これがひっくりかえると"生活が勉強だけ"になってしまう。そうした人間にとっては、タカが成績の下がっただけとはいえなくなってくるわけで、自分の生活全体に対する疑問としてハネ返ってくる」

モノサシが一本しかない人生にとって、これは致命的だ。オレの人生はいったい何だったのか。他のすべて——遊びも趣味も家事も犠牲にしてきた過去は何のためだったのか。そして、それはだれのせいか。

A少年の叫び——「人生を返せ!」(紹介者注:省略された記事の中にあったもので A少年が殺された当日、睡眠薬で眠りにつく前に叫びつづけたという言葉)はここに結びつく。青春もまた、取り返しのつかぬものとして強い焦燥感にとらわれる。

そのような焦燥感に燃える少年に、現在の自分の「社会的背景」を分析する余裕などあろうはずもない。こんなオレに育てたのは「だれのせいか」を考えるとき、攻撃のホコ先は目に見えている。それまで何の疑いもなく「子ども自身のため」と思って「勉強」を「世間並み」にすすめてきた親。ある場合は自分がそうしてきたために得をした結果として、また他の場合は反対に自分がそうしなかったために損した結果として、子どもに「勉強」をすすめてきた親。そのような親に対して、子どもは攻撃を開始する。

第2章　家庭内で起こった暴力（殺人）事件について

　多くの場合、そうした子はいわゆる「過保護」に育てられているために、外部に対しては弱く、自立心が少ない。攻撃はますます「家庭内暴力」の形をとる。─（略）─では、この事件の直接的原因としての「家庭内暴力」の現状を見てみよう。

　「家庭内暴力」という言葉が一般に使われるようになったのは、ほんのこの数年来のことだ。しかしハシリとして明確な事件になった最初のものは、12年前（昭和42年）の秋から新聞・週刊誌にとりあげられ始めている。たとえば杉並区の会社社長の長男（16）、高校1年。とってやったラーメンをどんぶりごと床にたたきつける。夕食のテーブルを全部ひっくり返す。カーテンに放火する。母親を殴る、ける……。

　当時こうした事件を扱いはじめた警察は、事件を「分類」する項目に困った。警視庁の少年相談所でも、とりあえず「家庭内乱暴児」と呼んでいる。学校ではおとなしいのが、家では「内弁慶」などという次元ではなく、凶悪犯なみの暴力をふるう。しかも、いわゆる非行少年というより、むしろ成績のよい、かつ並以上の家庭の子である。すでにあった「学校内暴力」という言葉の"応用"として「家庭内暴力」は生まれたという。

　やがて、警察に持ち込まれる家庭内暴力の事例は確実に増加していった。最近の例の中には、新築の家を息子がすっかり破壊して柱だけにしてしまい、親が避難した家庭さえある。神経科医やカウンセラーでの事例も、この10年間に増える一方である。開成高校生事件は、そうした事例の氷山の一角として現れたにすぎず、同校だけの特殊現象では全くありえない。

　多くの事例に当たってみると、そうした子のほとんどが、なんらかのかたちで「生活が勉強だけ」（前述の高校生の言葉）という期間を、しかも小学校時代から、かなり長く過ごしている。先天的（？）にその種の「勉強」だけにしか興味を示さない異常児もないとはいえないにせよ、生活が勉強だけという日常は、とくに親に対して抵抗力を持たぬ小学生にとっては、想像を絶する重圧であり、虐待である。そのような不断の虐待の末に、ようやく「勉強する生活に慣れて」、つまり適応させられ、改造させられてゆく。

これは一種の精神的「ロボトミー人間」（紹介者注：与えられたことだけ「勉強」する能力しかない子）ではないのか。だが、ロボトミー人間が目覚めぬまま、首尾よく「一流大学」まで行ってくれれば、それが果たして「めでたし、めでたし」といえるかどうかは別として、少なくとも親にとっては（より正確には親のエゴにとっては）、目標を達したことになるのであろう。だが、中学・高校とすすみ、体力も父親を越えるほどになったロボトミー人間が、あるとき突然目覚めたらどうなるか。「人生を返せ！」とは、ロボトミー人間が本来の人間に戻ったときの叫びなのだ。

　「過保護」という言葉がよく使われる。しかし以上のような形での親の干渉（より広くは社会の干渉）は、むしろ子どもの多様な発展の可能性を刈りとって、一本のモノサシに合わせてしまうための「過虐待」であろう。となれば、家庭内暴力はその長い「過虐待」に対する子どもの側からの反撃であり、復讐（ふくしゅう）だと見ることもできる。まず直接的「加害者」としての親に対する復讐であり、結局はしかし、社会に対する復讐だ。

　それでは、つぎにこのA少年が育った教育環境について記事として書かれている文言を通して考えてみましょう。ここでまず頭に入れておきたいことは、A少年が通っていた開成高校とはどのような学校だったのかということです。これについては、この学校が、東京では世間から「麻布」「武蔵」と並んで東大合格率の高さを誇る"私立の御三家"と称されている有名進学校だということを確認しておけば十分でしょう。

　A少年は、この有名進学校に入学できるよう親から教育環境を整えられながら育ってきました。では一体この家の子どもへの関わりかたはどこが間違っているのでしょうか（或いは間違っているとは言えないまでも望ましくなかったのでしょうか）。本多氏は、勉強し試験でいい成績をとることが一番いい生活の仕方なのだという価値観を子どもに植えつけてしまっている（記事の言葉では、"「勉強」することしか能力や趣味を持たない子か、あるいは周囲の重圧によってそのように改造させられた子"というような表現になっていますが）ことを指摘していますが、説得力のある

第2章　家庭内で起こった暴力（殺人）事件について

見方だと思います。そのような子にしてしまった親の関わり方を描いているように思われる箇所をいくつかピックアップしてみましょう。"「また一番だよ」と満点の答案を持って家に駆け込んだ小学生のころの笑顔""幼稚園に行ってもボタンを自分ではめられず、小学校（私立）では鉄棒ができないなど、同級生に負い目を感ずることが多かったようだ。""母親が車で小学校へ送り迎えしたこともあった。""しかし小学校の成績はいつも一番だったので、家庭外でのそうした負い目も精神的安定を崩すには至らなかった。""これについて母親は「私自身も子どものころ一番でしたから、べつに大したこととも思っていませんでした」と証言、開成中学への進学も当然と受け止めていたという。""「一番なら、さらに家庭教師を週2回つけたり、日曜に有名進学塾へ通わせたりする必要がなぜあったか」という検察官の質問に対し、父親は「世間並みにと思っただけです」と答えている。"

　こうした箇所をつなぎ合わせていくと、本多氏の捉え方がいかに妥当であるかが分かります。結論は同じことになると思いますが、本多氏が提供してくれているこれらの情報をもとに、私は問題の所在を別の言葉で表現してみます。

　まず、言えますことは、この家では義務教育段階の小学校のうちから私立に通わせていることです。こうしたことは経済的に余裕があり、しかも何らかの親の意図がなければ、起こらないことです。この場合の親の意図とは開成高校のような有名進学校につながる私立中学校に入れさせてあげたいという親心を指します。そうした親の気持ちが家庭教師を週2回つけたり日曜に有名進学塾へ通わせたりする行為となってくるのです。

　つぎに、これは私の考え方ですが、子どもにはその年齢段階に対応した発達課題というものがあって、その課題を1つひとつ乗り越えていくことが大切です。子どもはそうして自立していくわけです。そうした観点から見ますと、小学校のとき鉄棒ができないというのは大したことではありませんが、幼稚園に行ってもボタンを自分ではめられないということは気になります。なぜなら、衣服の着脱などの身辺処理能力を身につけることは幼児段階の重要な発達課題の1つなのですから。ある年齢段階の発達課題を達成させることをおろそかにし、お勉強だけに関心を持つよう働きかけることは感心できる親の関わり方ではありません。車で小学校へ送り迎

えしたこともあったという件も、子どもを大事にしていることは分かりますが、子どもに発達課題を課すことを忘れ、子どもを甘やかす傾向があったことを物語っています。

　以上のような判断から、この家の問題点をまとめてみますと、次のようなことが言えるのではないでしょうか。この家では、A少年にとっての"意味ある他者"にあたる人はいたようですが（なにしろ満点の答案を親に見せたくって家に駆け込むような場面が度々あったわけですから）、その期待の寄せ方が間違っていたために、子どもは追いつめられることになった、と。親が期待するような成績や席次をとれるうちは問題は顕在化しません。それが出来なくなったとき（あるいはできないと本人が思わざるをえなくなったとき）、子どもの精神のバランスが崩れるのです。その結果がこのケースでは家庭内暴力となって現れたのです。私はそう見ております。

2.　高校生の祖母殺人事件

　つぎに取り上げるのは、本多勝一氏の検証「子どもたちの復讐」②（1979年3月2日付け「朝日新聞」の"にゅうす・らうんじ"に掲載）で取り上げられている事件で、その内容は、私立高校生Bが祖母を殺してからビルの14階から飛び降り自殺をしたというものです。この事件は前述の事件から1年と2月半しか経っていないし、B少年が残した遺書（後日週刊誌でその抄録が紹介された）にはA少年の事件についての言及もあり、短期間のうちに起こった同種の事件ということで大変世間から注目を浴びました。この事件についても前回と同様に本多氏の記事を利用させてもらいます。

　　　B少年の場合もまたいわゆる有名高校生だった上、祖父も父も有名大学の教授であり、とくに祖父はその分野の第1人者として知られる学者一家だっ

---

(2) 記事の中にある＜注＞B少年（16）の家族は、大学教授（フランス文学）の祖父（69）、祖母（67）、大学教授（同）の父（48）、脚本家の母（42）、小学5年生の妹（11）の計6人だったが、父母は一昨年秋に協議離婚して父が実家へ帰ったので、以後は5人になっていた。したがって祖父母は母方である。

第2章 家庭内で起こった暴力（殺人）事件について

たため、事件はたいへんな注目を集めた。

　まず事件の性格を明らかにしておく必要がある。これはふつう「祖母殺し事件」と言われているように、高校生が祖母を殺し、そして自殺した事件、つまり時間的に「殺人」が先で「自殺」があとのためか、その本質も自殺より他殺に重心がおかれているかのように印象づけられている。だが、これはむしろ本質的に自殺事件と見るべきであろう。はじめに自殺があった。そしてそのついでに、みちづれとしての他殺があった。自分を自殺に追い込んだものに対する復讐としての他殺であり、一種の無理心中である。何がBを自殺に追いこんだのか。

　それは、少年が何を「道ずれ」にしようとしたか、その対象を見ればわかる。すなわち、第1の復讐はBへの直接的「加害者」としての祖母であった。実行された他殺はこの祖母殺害だけである。だが、少年の「計画」はそうではなかった。これがどこまで現実性を帯びたものか、あるいは思春期の少年にありがちな空想次元のものか、軽々に判断はできないにせよ、ともかく「計画」としては、Bは家族皆殺しとゆきずりの無差別殺人をも予定していた。その"シナリオ"によれば、祖母をはじめ家族全員を殺害ののち、億単位の財産（通帳・証券）を焼き捨て、翌日の夜飛び出して無差別に通りがかりの「大衆」を殺す。死体にはあらかじめ用意しておいた手製のビラ〈ざまあみろ〉をまいていく。こうして"大量殺人"を道づれに自殺を遂げる。

　この「計画」を実際に実行するはずだったと断定するのは、少年にとって酷であろう。だが、「道づれ」の対象に何を考えていたか、少なくともその心理を知るためには重要な手がかりを提供する。

　B少年は、なぜかくも強烈に祖母や家族を憎み、さらには「貧相で無教養で下品で無神経で低能な大衆・劣等生ども」（遺書）を憎悪し、復讐心を燃えたぎらせたのだろうか。その根源の理由こそが、少年を自殺に追い込み、かつ反社会的行動の極限ともいえる「計画」を抱かしめた動機なのだ。—（略）—

　B少年の遺書を見ると、開成高校生事件のA少年が侵されていた一本のモノサシによる価値観、いわゆる「勉強ができる」ことだけを人間の価値測定

の基準とするものの考え方によって、A少年以上に激烈に侵されていることがわかる。「エリート」という言葉の乱発。大衆の「馬鹿」「劣等」「いやらしさ」「きたならしさ」のしつような強調。

　だが、Bの母親はよくいわれるような「教育ママ」ではなかった。むしろ正反対に、教育ママ的風潮にはたいへん批判的であった。小学校の進学塾も、まわりの子が5年生から行ったので、本人は6年生になってから希望して1年行ったにすぎない。中学もまた、3年になってから当人が「進学塾に行っていないのは××君と僕だけだ」といいながら自分から希望して行った。母親としては、つまらぬ「勉強」はほどほどでいいから、本当にやりたいことをやる子になることを願っていた。にもかかわらず、なぜBは人間の多様性を否定する一本のモノサシ観によって極度に侵されたのか。

　身近な順にいえば、まずBの家庭それ自体の存在だ。祖父は超一流（とされている）国立大学を卒業し、そこの教授を長年つとめ、その分野の学会長老の1人として、退官後は有名私立大学の教授である。父親もまた同じ大学で祖父の弟子の1人として育ち、やはり有名大学の教授になった。「サムライの子はサムライ」の空気は、よほどのことがなければ変革できるものではない。そこへ加わったのが祖母による圧倒的干渉である。

　男の子のなかった祖母にとってのBは、孫とはいえ初めての"長男"のようなものだ。大変なかわいがりようだった。両親は祖母の度のすぎたでき愛に教育上の不安を覚え、アパート住まいでもいいからしばらく離れることを考えていた。そこへ5歳下の妹が生まれる。母親は赤ん坊に大半の時間と精力をとられ、Bが祖母の手ひとつにゆだねられるのはむしろ当然のことだった。

　だが、問題はその祖母の価値観、したがって教育観である。それは、教育ママの批判派の母とは反対に、一種の教育ババだった。その理想像として陰に陽に説いたのが「おじいちゃんのような人」であり、すべては「そうなるため」の手段と化していく。もはや一本のモノサシに合わせるためのシゴキと本質は変わらなくなる。祖母はそのような価値観の忠実な反映者のハシリだ

った。むしろ母親が嫁であれば、これほど極端な祖母・孫関係にはならなかったかもしれない。母親が祖母の実娘であるための甘えが、かえって祖母とBの部屋を特別な通路でつなぐほどの異様な密着・干渉ぶりを許したようだ。

　B少年の価値観形成の個人的素地はこうしてできた。それをさらに発展・助長させるための外部環境は、現代日本にはマスコミをふくめゴマンとそろっている。国立大学「共通一次」や都立校入試の問題が新聞に大々的に報じられると、祖母は「やってみたら」とBにそれを押しつけた。また事実として、生徒たちは「モウカルところ」をめざす。医者は現実にモウカル商売であり、高級官僚は天下りや何重もの退職金などでモウカル商売だからこそ、そこへ通ずる「一流大学」の中の「一流学部」への道として、「勉強」が価値を持つ。

　このような外部環境の中でも、そうしたBの価値観を最も扇動したのは、中学3年のときの有名進学塾だったようだ。学力別に細かなランク分けをして、そのトップクラスでは極端な差別感覚がハバをきかせていた。「×点以下のヤツは日本人をやめろ」といった言葉が、まじめな印刷物にも出てくる。先生が「東北の百姓め」といった呼び方をする。塾の父母会は、一種の狂信的な空気が充満していた。Bは自室の壁に「○○学園（進学塾）バンザイ、××中学（通学の区立中）クタバレ」と書いた。

　「一本のモノサシ」価値観のとりことなったBが、そのまま「サムライの子」として祖父や父と同じコースを進むことができれば、それが良いかどうかは別として、少なくとも「復讐」行為には走らなかったであろう。少年に燃えたぎる復讐心を植え付けたのは、まさにAと同じく、当の一本価値観を支える「勉強」の挫折（ざせつ）である。最初のそれは、小学生のとき受験した私立中学の失敗だった。次いでは区立中学2年以後、成績が下がったことだ。といっても、「一番」ではないにせよ上位にはいたのだから、普通の子の感覚からすれば大事件につながるほどのことではない。

　だが、以上のような境遇と価値観とで、誇り高き「エリート」と自認するBにとって、これは彼の全存在にかかわる屈辱だ。教室では一見、朗らかなふるまいをよそおいながらも、自宅では部屋にこもって怪奇小説や推理小説に

熱中するようになり、中3の夏からはそれまでよく話していた母親ともあまり口をきかなくなった。

　もうひとつ、これはまだ「可能性」の域にとどまるが、区立中学でBのいう「劣等生」に陰湿ないじめられ方をしたかもしれない。げんに小学校のときBは同じ学校の生徒から恐かつされ、家から一万円札を持ち出そうとしたことがある。また成城署管内の区立中学では、ここが典型的な高級住宅地帯であるにもかかわらず、校内暴力事件がこのところ着実にふえている。Bのいた中学でも、そのひどさに耐えかねて転校してしまった生徒がいた。こうした場合、いじめられる生徒は後難を恐れて先生にも親にも黙っている例が多く、1年も2年も気付かれないことがある。また「誇り高い」（？）子だと、誇りゆえに耐えて、一層内攻する。Bの遺書に「低能で馬鹿な劣等生」に「しいたげられたエリート」などといった表現がくりかえし出てくる点は注目に値しよう。—（略）—

　Bが無理心中的自殺をする1カ月前に当たる去年12月のある日、Bはそれまで最も熱中していた小説家・筒井康隆の新作品が出ている雑誌を、母親に読んでみるようにすすめた。「大いなる助走」という作品だ。ある文学賞をめぐる選考委員たちのきたないやり方に怒った主人公が、復讐のためある夜、猟銃でかれらを次々と殺し、さらにパトカーに激突して死ぬというスジだった。

　B少年の"シナリオ"には「ガン（銃）を入手できぬのが残念」と書かれている。この少年もまた、現代日本の偏差値価値観の犠牲者であった。

　本多氏が記しているように、確かにB少年の価値観はA少年以上に学校を格付けする見方に侵されていたようです。では、なぜエリートへの仲間入りの可能性を保持する名門高校に入学しながら、彼は破滅への道を辿らなければならなかったのでしょうか。彼が入学したW高校は、"私学の雄"と世間から言われる大学の一方に直結する高校であり、私が通っていた中学校から比較的近かったので、私などは、そこはお金持ちのお坊ちゃんたちが行く学校だと羨ましく思っていたものです。

第2章　家庭内で起こった暴力（殺人）事件について

　世間から高く評価されているその高校でも、彼が持っている価値の基準には届かなかったのだと私は思います。B少年の祖父も父親も東大なのです。どちらがBにとっての"意味ある他者"だったのかはこの記事からは判断できません。1つだけはっきりしていることは、小さい頃から目標とすべき人物像を祖母によって与えられ続けてきたことです。おじいちゃんのように立派な学者にならなければならなかったのです。そのためには、東大に入らなければなりません。そして、それを実現するためには、都立のトップクラスの高校か、前の節で出てきた"私立の御三家"と呼ばれる高校のどこかに収まっていなければならなかったのです。彼の場合、事件前家庭内に"意味ある他者"が本当に存在したかどうか不明ですが、(教育ママ批判派の母親は別としても)家全体から投げかけられる期待は非常に重かったわけです。もっとも、そうした期待をする方は、それがそれほどBにとって大変なものだという認識はしていなかっただろうと私は思います。なにしろ、祖父はもちろんのこと父親も母親もこの家の大人は(たった1人祖母を除いて)皆一流大学に行っているのですから。

　前にも述べましたが、こうした期待でも本人が期待に応えることを快く思い、実際期待に応えられる時は、問題は起こりません。それを望んでもできそうにもなくなる時、危機が訪れるのです。B少年の破局(本多氏が無理心中と位置づけているこの事件)の時期はこうしてやってきたと私は解釈しています。

　しかしながらこうは言いましても、本多氏の論理や本多氏が事件後にインタビューした安田道夫氏(『父と母への赤信号』の著者)の論理と違うことを示そうというわけではありません。安田氏はB少年の遺書を読んで、「彼の精神を痛めつけたのは、エリートたりえない強迫観念ないし挫折感と、祖母がいやらしい計略をもって

---

(3) 事件後、本多氏のインタビューに答えて、B少年の母親は少年と父親や祖父との関わり具合についてコメントをしています。その話によりますと、父親は大変おとなしい人で子どもに対する愛情表現も器用ではなく、そのせいかBは父親に小さな時からなつかず、中学生になってからは、1年間で何語と数えるほどしか口をきいていなかったとのことです。その話が事実であるとすれば、父親はその頃既にBにとっての"意味ある他者"ではなかったのかもしれません。一方、祖父に対しては母親の目から見ても、中学時代の友達の話からもB少年は尊敬していたようだということですから、やはり祖父がBにとっての"意味ある他者"ということになるでしょうか。しかし、祖父自身は(W高校入学後)Bに(大学の学部について)「自分が行きたいところへ行け」と言っていたそうなので、祖父がBに直接プレッシャーをかけていたわけではなさそうです。(以上、前掲『子供たちの復讐　下』より)

自分の精神的独立をさまたげているという被害感情の2つがミックスしていると思うんです」と本多氏に述べていますが、私も、氏の指摘の後半の部分は大切だと思います。つまり、自我の独立を図らなければならない時期に「あなたのため」と言いながらずかずかとB少年の生活領域に入り込んできて占有しにかかる祖母の行為はもうこれ以上耐えられないとBが感じていたことは確かにあったのだろうと思います。

ところで、1章で触れたような学校の格付けによる差別感覚が極端までいくと、人の意識がどのようになるかをB少年の遺書は示しています。それでは『週刊朝日』の記者がその遺書の抄録を記事として公刊していますので、そのさわりの部分だけを以下に紹介しておきましょう。

　　第一章　総括
　　くわしいことは第二章で述べるが、私が今度の事件を起こした動機をまとめておく。
　一、エリートをねたむ貧相で無教養で下品で無神経で低能な大衆、劣等生どもが憎いから。そして、こういう馬鹿を1人でも減らすため。
　二、一の動機を大衆、劣等生に知らせて、少しでも不愉快にさせるため。
　三、父親に殺されたあの開成高生に対して、低能大衆がエリート憎さのあまり行ったエリート批判に対するエリートからの報復攻撃。
　―（略）―
　　第二章　大衆、劣等生のいやらしさ
　　勉強ができることは、そのまま社会で認められることにつながる。「認められる」ことを望むのは、人間の根本的な欲望の1つである。本能といっていいかもしれない。そして、認められた人間に対して、認められない人間が嫉妬

---

(4) 前掲『子供たちの復讐　下』P.104
(5) 1979年2月2日号『週間朝日』の「祖母殺し高校生の遺書分析　誰よりもエリートに憧れた君は誰よりもエリートでなかった」より。なおこの記事を担当しているのは、本誌記者の池辺史生氏と広瀬肇氏です。

するのも半ば本能のようなものである。だから、優者に対する劣者の嫉妬が最も強いのは、勉強の面においてである。勉強のできない者、すなわち劣等生は、勉強のできる者、すなわちエリートをねたむのである。

　しかし、嫉妬とは極めてみにくい感情であるがゆえに、大衆は自分たちのエリートに対するねたみを必死で認めまいとする。そこで彼ら大衆はなんらかの理屈をふりかざしてエリートを批判しようとする。こうすれば、自分たちの嫉妬を認めないでエリートを攻撃することができるからだ。だから、新聞などに「受験戦争批判」「高校間格差批判」「学歴偏重主義批判」といった記事がのったりすると、わが意を得たりとばかりに、自分たちもそういった理屈をたてにとって、少数派エリートを批判するのである。

　—（略）—

　思春期には自意識が急に強くなり、同時に他人に対する優越感も強くなる。ということは、嫉妬心も強くなるということだ。電車の中などで、三流高校の生徒が我々名門高生に向ける敵意の眼差し、あるいはことさらに無視してみせる態度は、この嫉妬心から出たものである。

　この前、ある名門校の生徒が、スポーツの試合の最中に「くやしかったら、T大入ってみろ」と言ったのはよくないといって、新聞に投書してきた劣等高校の生徒がいたが、彼はなぜ新聞に書いてきたのか。

　この心理を分析してみれば、進歩的な受験批判をしている新聞だから自分の味方になってくれて、この投書をとりあげてくれる、すなわち認めてくれるにちがいないと、この劣等生がたくらんだからと。つまり、新聞を劣等生のひがみを正当化するために使ったのである。エリート校生に馬鹿にされたくやしさをはらそうと考えたのであろう。

　この劣等生のねたみまみれの心理のいやらしさは筆舌につくしがたい。これはもう劣等生などではなく劣等人である。どこかの親父はわけ知り顔で言うかも知れない。「ヤジだってね、言っていいことと悪いことがある」。馬鹿野郎、ヤジはヤジだ。それがいくら、てめえら劣等人種の胸につきささったとしても、それはそのヤジが悪いのではなく、ねたみにこりかたまったき

さまらが悪い。結局はおまえらがみにくいのだ。きさまら劣等人は、このヤジを聞くなりしゅんとなったんだろう。これはおまえらが相手名門校に対して劣等感を持っていたという証拠ではないか。どうだ、なんとか言ってみろ。だいたい名門校のエリートに向かって変な理屈をつきつけてくるとはどういう神経だ。きさまら、我々エリートに理屈で勝てるとでも思っているんじゃないだろうな。思いあがるのもいいかげんにしろ。(「思いあがる」という言葉はこのように使うのが正しい) ―(略)―

　私は、家族にすさまじい乱暴を働いたあの開成高校生の気持ちがよくわかる。彼の家族への憎しみ、そして(これは報道されなかったが)、馬鹿な大衆に対する憎しみが、私には自分のもののようによくわかる。彼が両親に向かって叫んだ言葉、「教養も社会的地位もないおまえら夫婦が1人前に説教できるか」からも、馬鹿な劣等人種への憎しみが伝わってくる。彼は私とまったく同じ気持ちだったのだ。あの開成高校生は憎しみを言語で表現しないで、家族への暴力という形で表現しようとしたのである。単なる進学の重荷が原因だととられたのが、彼はたまらなかったのだ。

　もう少し時間があれば、彼の方が両親を殺すことができたろう。ところが、彼は自分の怒りを充分表現できぬまま、彼が心の底から憎みぬいていた父親に殺されたのである。どんなに無念だったことか。彼の母が自殺したとき、彼は地獄の底で声をあげて笑ったにちがいない。今、私が、彼の怒りの分まで、ここに書きつけているのである。愚鈍で馬鹿で嫉妬深くて低能で貧相な大衆に、虐げられたエリートの激怒のおそろしさを、彼にかわって、思い知らせてやる。彼の恨みをいま、私がはらしてやる。

　―(略)―

　今度の事件と遺書の記録によって、大衆、劣等生の家庭の食卓が一瞬でも二瞬でも三瞬でも、気まずく不愉快な沈黙におおわれれば、また、その沈黙をはらそうとしたわざとらしい笑い声が食卓に響けば、私はこんなにうれしいことはない。そして、そうなることが私にはわかっている。

　また、私の仲間のエリート校生が1人でも2人でも――いや、私はそれが

何人もいることを知っている――何人ものエリート校生が、よくやった、よくぞ言ったと、ひそかに会心の笑みをもらしてくれるなら、私はしあわせだ。

第三章　祖母について

　祖母のみにくさは筆舌につくしがたい。それは、私への異常に強い愛情から来ている。私の精神的独立を妨害し、自分を支配下に置こうとしている。薬を飲ませる際は、びんに残っている錠剤を後で数えるということまでする。夜、勉強していると、夜食を持ってくる。寝てからは、ふとんをかけにくる。寒いにつけ、暑いにつけ、着る服に注文をつける。読む本をチェックする。それらについて怒ると、「あなたのため」という。

　ふろをのぞきに来る。その視線がいやらしい。色情狂のようだ。このままでは、進学、就職、結婚の相手もひきずられてしまう。

　きさま、あと数日の命だ。いまに地獄に叩き込んでやる。母は良家に育ったお嬢さんで、勝気な人だ。父母の離婚については、母に譲るべきところがあったのではないか。

第四章　妹について

　妹のみにくさについては分析を省略する。―（略）―私にとって大切なのは第二章であって、あとはそれほど重要ではないと思いはじめた。

第五章―（略）―

第六章　結び

　開成高校生事件、私の事件が忘れられた後も、この受験地獄、学歴地獄はまだ続く。馬鹿な大衆め。おまえらはこれから受験地獄にさんざん苦しめ。ざまあみろ。エリートをねたんだ罰だ。

　朝日、毎日、読売の新聞の方、受験のイメージを大衆にはっきり植えつけて、私の憎しみをより確固たるものに、はっきりと植えつけて下さい。それではエリートの記者のみなさん、思いっきり私をけなす記事を書いて下さい。1月10日夜11時。さようなら。

　B少年の遺書の内容はおおよそ以上のようですが、これを読んで私が感じたこと

を記述してこの節を閉じることにしましょう。内容そのものは相当屈折していますが、文の運び方は論理的であるというのが第一感でした。高校生はまだ心理学を習っていないのに、少年は専門用語をいくつか使用しており、中程の括弧のなかの「思いあがる」という言葉はこのように使うのが正しいと書いているあたりでは、自分の文章に酔っているようにさえみえます。

　つぎに、少年の頭の中に定着してしまっている例の学校の格付けに基づく差別意識と関連したことに触れておきましょう。これからここに記すことは私の全くの推測によるものですから誤っていたらお許しいただきたいと思います。それは、彼の祖母と妹についての書き方に顕れていることと関連します。彼は祖母に対しては、(遺書の中で)「祖母のみにくさは筆舌につくしがたい」と言い、妹に対しても「妹のみにくさについては分析を省略する」と言っています。彼はある基準で人のグレイド(等級)を分けました。そして高い方をエリートと呼び、低い方を大衆と言って口汚く罵倒したわけです。しかし、彼が設けた基準は一流大学へ行ったかだとか、あるいはそこに行かれるほどのいい成績を現在あげているかだとかいった極めて単純なものであったがため、彼はあれほど馬鹿にした大衆が自分の身内の中にもいるという矛盾に気づかざるを得なかったのではないでしょうか。たとえば、祖母は(旧制の女学校へは行っていたかもしれないが、彼が思う)一流大学へは行ってなかったとか、あるいは妹は自分より成績がよくないとかいう意識が潜在的にもなかっただろうかということです。もし、こうした仮定が間違っていないとするならば、祖母については、もともと祖母は名門の家のお嬢さんで東大出の祖父とはつりあいのとれた婚姻で結ばれたとしたなら、妻の社会的地位は配偶者のそれと同等とみなされるという社会通念を少年は知り得なかったということになるでしょう。

　また、妹について言えば、両親の愛情を独占してきた上の子が下の子の出現により親の愛情を持って行かれてしまったような被害感情が災いして下の子に対する悪意として残るということはありうることです。私の家の場合、次男と妹とは６歳も年が離れていましたが、(さすがに赤ちゃんの時はやりませんでしたが)少し大きくなりかけてきた頃に親が見えないところで次男が妹をいじめるという光景が何度かありました。B少年の家の場合、妹が誕生して以来、彼を世話し、彼に愛情を注

ぐのはもっぱら祖母の役どころとなりました。少年のお母さんの話によりますと、母親はどちらかというと一般の家庭の父親的な接し方で関わっていた[7]と言いますし、「Bは中学三年生になっても、日曜日の朝というと私のベッドの中にもぐり込んでくるわけですね」というようなことを言っております。

このようなところから判断しますと、B少年の家の家族関係の特異性が浮かび上がってくるような気がしますが、それでもやはり私がこの事件から学ばなければならないこととして強調しておきたいことがらは、前にも述べたように、誤った期待が結局彼を追いつめたのだという側面なのです。

3. 金属バット殺人事件

　A少年にまつわる事件にしても、B少年が起こした事件にしても、時代の象徴としての意味合いがあるとはいえ、かなり高いレベルの進学を目指していた家庭での悲劇と言うこともできます。ならば、次に取り上げる事件は、どこにもありうるような受験風景の中で起こった悲劇であり、この事件は多くのことを我々に教えてくれています。

　これから紹介するのは、やはり「朝日」の記事で、1980年12月6日から4日にわたり「二十歳の"狂気"両親殺害事件」と題して連載された事件です。事件を起こした青年は20歳に達していたため、実名でしかも顔写真付きで書かれていますが、ここではNと表現を変えて紹介することにします（両親の名前も実名で出てきますので、それも父親、母親と表現を改めます）。

　　1
　　　Nが20年の生活で悪い子、になったのはこの夏ごろからだ。父親のキャッシュカードを盗み、近所の酒屋でウイスキーを買い出した。このころから予備校にも行かず、自室にこもる日が多くなった。

（6）ここで、我が家の次男の名誉のために断っておきたいことがあります。それは、よく母親を手伝って妹のおしめをたたんでくれたということです。
（7）これについて、前述のインタビューでは、本当の父親の役割でなくて文句を言うだけの役割（安田氏）　　一小言係（本多氏）というように言っています。

だが、それまではきわめつきの良い子だった。近所の人に会えば、「おはようございます」と、きちんとあいさつするなど、礼儀正しかった。両親にしかられても口答えもせず、素直だった。

　それはいまも、留置場の中で変わらない。調べ官にはあいさつする。聞かれたことにはスラスラ答える。

　捜査本部の調べでは、I家はかなりの亭主関白だった。東大を出て、同僚を追い抜いて一流会社の支店長という地位を得たMさん（父親）は、息子は東大に、悪くても早大にと望み、Nには「お前はグズだ」とののしるなど厳しく当たった。

　そのぶんT子さん（母親）がNをかばっていたようだ。Nが帰宅する時間になると、「Nちゃんがおなかをすかせてくるから」と近所づきあいもやめて帰宅するほど。犯行の前日も、自分は菓子パンの夕食。Nには焼き肉とシチューを食べさせている。Nが酒を飲んでいたのも、キャッシュカードで金を引き出していたのも、母親は知っていた。

　怖い父親と甘くて世話をやきすぎる母親。Nはその間にあって身の処し方を見失ってしまったのではないか。唯一の息抜きは、ポルノ映画を見ること。自室から、勉強の本は消え、代わってヌードの載った週刊誌が目立つようになるのは、1年ほど前からだ。犯行時、Nの部屋には月刊プレイボーイが1号から全部そろっていた。両親に背を向け、ヌードに走る。それが精いっぱいのNの自己主張だったかもしれない。

　弱々しい自己主張の中で、Nが傷ついたのは、両親の言い争いだ。自供ではNが2度受験に失敗したことで父親が「おまえの教育方針が悪かったんだ」と怒鳴り、母親は「あなたが甘かったのでは……」とやり合っているのを聞き、大きなショックを受けた、といっている。

　それまで自分の味方だと信じて疑わなかった母親までも、受験失敗で困っているのだ、と知った驚きだった。

　「おぬし、そりゃあ早く食べた方がいいぞ、そうでないと後悔することになるぞ」とT子さんに向かって山口弁でつぶやいたというのだ。

第2章　家庭内で起こった暴力（殺人）事件について

　具体的な形ではなかったにしろ、Nの頭の中にはそのころから両親殺害のぼんやりした思いがあったのかも知れない。─（略）─

2

─（略）─

3

　そのNは今年夏、生まれて初めて1人で父母の郷里を訪れた。そこで、小さいころ一緒に遊んだ2つ年下の友人に語った。「君はコックになるのか。そうか、君は自分の好きな道に進めていいなあ」

　父母を殺害する3ヶ月ほど前のことである。「大きくなる」（紹介者注：Nの命名に込められている期待）ためのNの人生は、出足は好調だった。48年4月、東京都港区立S小学校から同区立A中学校に進む。成績は中の上。教育熱心な両親は父母参観日には必ず出席した。高校受験を控えた中3のとき、国語、数学、英語について、現職の高校教師を家庭教師につけた。

　そんな中でNが母親の財布から金を盗んだことがある。小学4、5年になって、ときどき小銭を抜き出した。といっても、十円玉とか、百円玉程度。だ菓子屋に走るぐらいのもので、それも長く続いたわけではない。

　51年春、K高校合格。ギリギリであっただけに、家族も本人も大喜びした。だが、その2学期に、Nは突然家出した。

　親からの連絡で、担任教師らが心当たりを捜したがわからない。連絡もないまま一週間過ぎたとき、Nは再びニコニコしながら登校してきた。

「このヤロー、心配かけやがって」

「はい、すいません。もうしませんから」

「オヤジにあやまったか」

「はい、あやまりました」

　学期末のテストの成績が芳しくなかった。100点満点で29点以下の赤点答案がいくつかあったのが動機らしかった。─（略）─

　54年春、現役の受験に失敗してNは、高田馬場にあるW学院予備校に通う。そしてこの春、W大法学部、商学部、R大、M大、H大の各法学部に出願し

たがすべて失敗した。—(略)—

　2度の失敗の後、Nは再び高田馬場の予備校、H学院に通い始めた。だが、テストの結果は最下位に近い成績、とますます低迷が続いた。夏ごろからほとんど予備校に行かなくなった。

　友人たちのことばなどで知る限り、Nが酒を覚えたのは、高卒前後のようだ。造り酒屋が16軒も並ぶ父母の郷里では、子どものころから酒を飲む者が多い。とくに正月などは大部分が飲むが、Nだけは高校生のころは飲まなかった。

　今年の春、亡くなったT子さんは近くの人に「ウチの子はお酒好きで……」ともらしたとか。ベランダのペンキがはげたので、Nに塗りかえを頼んだところ、「ママ、アルバイト料はいらないよ。代わりにボトル1本ちょうだいよ」といい、ウイスキーを買わされた、というものだ。

4

　2浪目、受験勉強の追い込み期に入ったこの秋、Nはよく自宅近くの本屋で立ち読みした。受験雑誌、参考書を読むのではなく、男性週刊誌に目をやっていた。活字を追うわけでなく、ぼんやりとした目つきだった。本屋では長時間、粘った。午後2時ごろ、近所のレストランにも行った。500円のランチをあっという間に食べたが、急いで帰宅するわけでもなかった。「家に帰りづらいようだった」と、見かけた人は話す。

　自宅で寝ころんだり、「予備校へ行く」といって映画館へ。起床時間も遅くなった。このころ、受験生の生活リズムはすっかり狂った。—(略)—

　S小での成績は「中のちょっと上」。当時の担任は「友だちもあり、活発で明るい子。時々、悪ふざけをし、適当にけんかもした。ごく普通の子だった」という。「積極性」「責任感」など、指導要録に記されている十項目ほどの性格評価のほとんどは「中」だった。

　A中での成績は「中の上」だった。当時の先生の話を聞くと「目立たない子だった」「とくに、はしゃぐということもなく、口数も少なかった」「先生とはきちんと話をした」という印象が返ってくる。—(略)—

第2章　家庭内で起こった暴力（殺人）事件について

　高校を通じての成績は平均して「中の下」。在学中、父親が教師との個人面談に来ることはほとんどなかった。母親は教育熱心だったが、神経がピリピリしている感じはなかったという。「相変わらず成績が良くないですね。どうしたらいいでしょう」といった具合に相談をもちかけてきたという。成績が下がるにつれ、母は「学業面で自信を失っているので、何とか自信を取り戻させてほしい」と悩みは深刻になっていった。

―（略）―

　1浪目はW学院予備校へ。今春の入試失敗のあと、別の予備校「H学院」の試験を受けた。倍率2倍、300点満点で160点を取って入校した。クラスは「W大専科」で115人。予備校に提出した週間学習対策には、起床時から午前零時半までの勉強スケジュールがびっしり書き込まれている。将来の志望の欄には「Wの法か政経に入って、マスコミ関係か、出版社関係に勤めてみたい」と記入した。不得意科目の項には「古文は単語・文法を覚えていなければ話にならないので、単語・文法ともカードにして毎日毎日くり返しながめて覚えている」ともあった。2度の受験失敗という失意の中にも、まだ「やる気」がうかがえた。だが、希望を失う時期は意外に早く来た。前期（7月まで）のテストの平均は、英語が43点で111人中80番、国語が37点で最下位。クラスの7割が受講した夏期講習を受けなかった。予備校は前期の成績を自宅に郵送し、個人面接の連絡をしたが、なぜか、ついに両親は姿をみせなかった。Nは11月に入ってからは5日に1回だけ試験を受けた。英語44点、国語36点。両科目の偏差値は入校以来の試験で最悪に落ちた。その後の出席は、11月10、11、13日の3日間だけ。

　受験への意欲がうせたころ、母と親類の人の間で、こんな会話があったという。親類が「Nちゃんは大学に無理やりいかせないで、コックにしたっていいじゃない。その道でがんばれば帝國ホテルのコックにだってなれるのだから」と話したのに対し、母は「私もそう思う。でも、いまNにいわないで、試験の結果をみてからにしたい」と答えた。「君はコックになるのか」と友人をうらやんだことのあるNは、そんなやりとりを知らないままに、孤独感をつの

らせていったようだ。そんな時、Nは深夜帰宅した兄(22)のために玄関のカギをあけてやり、2人で話し込むこともあったという。兄から小遣いをもらったりもした。

兄はW大理工学部からH製作所へ。

「できのいい兄と比較されるのがつらかったか」

取調員の問いかけに、Nは声をひときわ大きくして答えた。

「そんなことはありません。いい兄です」

以上が日本で初めて金属バットで両親を殺めてしまった青年の事件に関する「朝日」の連載記事です。

この家庭では、Nへの教育期待や関わり方についてどこに問題があったのでしょうか。それは行き過ぎではないかとか、それは適切ではないと私が考える箇所を指摘しながら、問題点を整理してみたいと思います。

まず、挙げられるのが教育期待の高さです。期待をされないということは子どもへの動機づけの面で問題がありますが、本人が出せる以上の成績や努力を要求するような期待は必ずやその子を追いつめます。Nの中学時代の成績は「中の上」です。ここの親はNが中3の時、国語、数学、英語について現職の高校教師らを家庭教師につけたと記されていますが、恐らくこの文面から判断しますと、3人の家庭教師がつけられたのだと思います。そのようにしてようやく高校に入れたわけです[8]。しかし、彼はギリギリで入れたその高校で赤点答案を出し、それで家出をしたのです。そして、高校を通じての成績は平均して「中の下」だといいます。

このように彼の中学・高校での成績は決していいといえるほどのものではありません。にもかかわらず、大学受験時には、現役の時ならともかく、浪人をしてからも大学のランクを一つ下げ、自分の学力で届きそうな大学を受験しておくというような安全策を全くといってよいほどとっていません。

---

[8] 彼が入学した私立K高校は、前に紹介した「私学ご三家」に次ぐ難関校の1つです。が、この学校は彼の第1志望の高校ではないということです。この事件を追跡し詳しく分析している青木信人氏の著書『醒めない夢―金属バット事件から女子高生監禁殺人事件へ』(1991年、太郎次郎社)によりますと、彼が希望したのはW大とK大の附属でしたが、どちらも受験は失敗しています。

第 2 章　家庭内で起こった暴力（殺人）事件について

　それではなぜ、彼はこうも難しい大学や学部ばかりを受験するのでしょうか。それは、大学のランクを下げて受験するのでは、自分はとうてい父親から認めてもらえそうにないと彼が感じていたからだと思います。脚注(8) で示した青木氏の著書には、そのことを物語るN自身の言葉(9)と青木氏の指摘(10)が記されています。それほどまでに、Nは父親の承認を必要としていたし、それを得るためには精一杯の背伸びをし、実力の伴わぬ意地をはらねばならなかったのだと思います。

　つぎは、上のことと深く関連しますが、父親は早い段階からNを切り捨てているということです。中学校の頃までは、Nに対して大きな期待を持っていた父親は授業参観日や保護者会によく参加していますが、高校になってからは学校に顔を見せなくなります。そしてNが大学受験に失敗してからは、妻には「お前がしっかりしないからNがダメになったのだ」としかったり、N自身には「お前はグズだ」とののしったりしています。ここには、子どもの良さを認めたり、将来の生き方について子どもと話し合おうとしたりする姿勢はみじんも見られません。"俺が設定した基準をクリヤーできなければもう俺の子どもじゃない"というような子どもへの関わり方は教育的働きかけとはほど遠いものなのです。

　職業志望という点に関しても、固定観念が先行しているため、柔軟な対応ができなかったのは不幸なことでした。Nは郷里でコックになると言う2つ年下の友だちに、自分の好きな道に進める境遇をうらやみました。また、Nを無理に大学に行かせないでコックにしたっていいじゃないと言う親類に母親もそう思うと同意しています。奇しくもNと母親が同じような考えを持ったわけですが、お互いにそのことを知りませんでした。結果論ではありますが、母親だけでもNの気持ちをくみ取り、そうした方面へ巣立っていくことを応援してあげていたら、また違った展開があっ

---

(9)「ウチの方針（筆者注：父をはじめ祖父やおじなど親族の多くが有名大学出身）としては、W大かK大ぐらいまでが父の認める大学で、ランクを落としてもせいぜいJ大かMG大ぐらいまで。そのぎりぎりの線でなら、なんとか父をねじふせることができると思っていたんです」同上書 p.59；「むかし父が、N大に行くぐらいなら高校を出て働いたほうがましだとよく言っていて、それを聞いてすごく反発を感じたことがありました」p. 60
(10)（2年目の浪人生活に突入するにあたっては、そんな考え方をする父の強い反対にあった。）あきらめと軽蔑をこめて、父は彼に、受験はもうやめて働くようにとの指示を出した。しかし、彼の人生プログラムのなかには、大学（しかも、だれもがウーンとなるような「一流」大学）を卒業しないまま社会に出るというコースは用意されてはいなかった。p.60

たかもしれません。いずれにしても、Nには大学進学を含めてもっと多くの人生の可能性があることを諭し相談にのってあげられる身近な大人が必要だったのではないでしょうか（お兄さんがそうした役割を果たしていたかもしれませんが）。

　母親の関わり方についても一言触れておきましょう。記事にも記されている通り、確かにこの母親はNに対して"甘い"関わり方をしています。たとえば自分は菓子パンで夕食をすませているが、Nには焼き肉とシチューを食べさせているというあたりにそのことがよくあらわれています。浪人生への気遣いの1つで、そのぐらいとりたてて言うほどのことではないと言えばその通りです。ですが、私の教育観を混ぜて言わせてもらえば、母親がNにペンキ塗りを頼んだところアルバイト代のかわりにウイスキーのボトルを要求されたことを不本意ながら容認してしまっているのは、やはり問題なのではないでしょうか。私ならば同じ立場にある息子に、「家庭内の仕事として頼んでいるのだからアルバイト料もボトルもあげられない」と言うでしょう。家庭内の仕事は、家族みんなでやるべきだと考えるからです（もちろんこういうことを親が言い子どもがそれを納得するには、家族に対する親愛の情や信頼感をお互いに感じられる状況が既にあるというのが前提となりますが）。ここで私が言いたことは、受験勉強さえしていれば、あとは何もしなくてもよいという雰囲気を親が安易に認めるべきではないということです。子どもが"この一年にかけたいから家庭内の本来しなければならない仕事は勘弁してね"と親に頼み、実際に努力をするなら話は別です。言葉を換えていえば、他の発達課題を放っておいて勉強することだけを求める関わり方は、子どものバランスのとれた成長をもたらさないということです。

　家庭内での子どもへの誤った関わり方が子どもを追いつめることとなり、結果として肉親を殺めてしまう事件は以上3つの例で十分だとは思いますが、同じような条件であればまた起こりうる事例をこの章の締め括りとして紹介しておきましょう。
　それは、私が他の学部の教育原理の授業で夏休み前、3．で述べたような尊属殺人事件は社会の状況が何も変わっていないのだから、これと似たような事件はまた起きますと学生に良くない予告をして間もない時に起こった事件です。1988年7

第2章　家庭内で起こった暴力（殺人）事件について

月9日付け「朝日」は、その前日、東京目黒区の建材会社役員の家庭で、長男（14）＝区立中学2年生が両親と祖母を刺殺したことを報じています。記事の事実経過に関する部分だけを示しますと以下のようです。

　　長男の供述によると、7日午後11時半ごろ、期末試験で数学の点数が悪かったことで、両親にしかられた。さらに、サッカー部の部活動もサボりがちだったことで、小言をいわれた。このため、母親が父親に告げ口したと思い、カッとなって殺そうと思い、寝る前に電気コードと玄関にあった金属バット、台所の包丁を持ち出し、自分の部屋に準備して寝た。
　　8日午前4時半ごろ起き、金属バットを持って父母の寝室に行き、母親のAさんの頭を殴った。悲鳴と物音で気づいた父親のHさんに「気でも狂ったか」と大声でしかられ、金属バットを取り上げられた。このため、再び自分の部屋に戻って包丁を持ち出し、追いかけてきたHさんを2階の廊下で刺し、寝室から110番しようと電話に近寄った母親も刺し殺した。さらに、騒ぎで「何をしてるの」と起きてきた祖母のFさんを、1階8畳間で刺して殺した、という。
　　7月15日付けの「朝日」は、この少年が追いつめられていく経緯を以下のように伝えています。
　　1人っ子のためか、中学入学後、両親の期待は膨らんでいったらしい。進学校に進んだ少年のいとこと比較しては、「有名私立校」に入れようと、「勉強しろ」と頻繁に言うようになった。英・数・国の3科目の試験が学年平均を下回ると、1カ月千円の小遣いがゼロになる取り決めをしたのもこのころだ。
　　母親について少年は「何も母親らしいことをしてもらっていないのに、勉強しろと、口ばかりうるさい」といい、父親にも「酔って帰ってきては当たり散らす」と供述しており、期待をかける両親に憎悪を募らせていった。家でも父親と激しく口論することが度重なり、親類は「これまでにも1つ間違えば今回と同じようなことになりそうな状況があった」と証言している、という。―（略）―

そして、7月1日から4日まで期末テストが始まる。答案は5日から徐々に返却され、すべての答案用紙が返されたのは、犯行前日の7日。英・国・数の3科目とも平均点を下回ったのが分かり、破局へと向かう。

　この家庭の子どもへの関わり方については、私は問題点が3つほどあると思います。それは①進学校に行ったいとこ比較していること、②「有名私立校」に入れるため、勉強するよう子どもに強く言うようになったこと、③お小遣いを試験の成績であげたりあげなかったりする取り決めをしていることです。
　整理の意味も込めて、この3点についてコメントを加えておきます。①の他の子と比較するというやりかたはよく行われていますが、これは子どもの心を傷つけるやりかたです。比較の対象として挙げられる人は大抵比較される人より何らかの点で優れています。親はその人に負けないように頑張れと言うのでしょうが、これは子どもには苦痛です。やはりその子が持っている"よさ"を見つけてあげることが大事だと思います。
　②の有名進学校に入れるように勉強しろというのは、本人もそれを望みしかもその可能性が十分にある場合に限り認められる関わり方だと私は思います。それに、本人が本当にその学校に入りたいと願っているのなら、本人は人から言われなくても勉強するでしょう。ですから、それ以上「勉強しろ」と言うことは本人にはプレッシャーになります。このような関わり方は間違いなく子どもを追いつめます。親の期待を押しつけないようにしなければなりません。
　③の試験の成績如何でお小遣いの額が決まるというのは大変拙いやりかたです。お小遣いというのは子どもの判断で子どもが自由に使えるお金であり、それが子どもにとって如何に楽しみなものであるかを知っている大人たちの親心や配慮で与えられるべきお金です。それがこのケースでは、3科目のいずれかの試験の成績が平均点以下になったら、1カ月千円の小遣いがゼロになるというのですから、こんな残酷なことはありません。中学2年生の年頃なら、買いたいものとか友だちとの付き合いとかあるのが普通です。ですが、このケースでは親との取り決めにより、3カ月間もお小遣いをもらえなくなった（3科目とも平均点を下回ったので）わけ

で、子どもの気持ちの動揺は大きかっただろうと思われます。これは私の考えですが、お小遣いは条件をつけないであげるべきだと思います。

　以上、家庭内で起こった暴力（殺人）事件を通して子どもへの誤った期待のかけ方や関わり方について述べてきました。次章では、今日一般に「不登校」と言われている問題を取り上げてみます。

第 3 章

不登校について

1．「不登校」問題についての私の見方

　第1章でお断りしましたが、私は山形民研の所員をしております。その第12期の研究では「人権研究委員会」の委員長を務めました。その時期の研究報告として「不登校を通して公教育の有り様を考える」という論稿を書きましたので、それを中心としながらこの章をまとめてみたいと思います。以下はその論稿の紹介です（ここでの論の展開上、不必要な箇所はカットすることにします。また原文は「である」調ですが、そのままのスタイルにしておきます）。

　一　不登校児の多い国、日本

　日本ほど、不登校になる子どもが多い国は他にないと思う。不登校児は、日本の国が高度経済成長期に入る頃から現れ始め、その後ずっと増え続けている。少子化時代になった今でも。

　1998年度の文部省調べでは、小中学校合わせての不登校児の総数は全国で約 128,000人、山形県内で約 1,300人ほどであるという。

　世界各国の不登校児数やその割合を示すデータを持っていないのに、私が恐らく日本がそのトップレベルにあると思うのは、世界の先進国と呼ばれる国々において不登校が大きな教育問題として取り上げられていないということと、1990年に出版された書籍 "Why Children Reject School—Views from Seven Countries"（Yale University）に収められた論文15編の中、5編が日本からの研究報告であるということによる。

　二　渡辺位氏(たかし)から学ぶこと

　私は、登校拒否について、渡辺位氏から多くのことを学んだ。他にも沢山の登校拒否に関する専門医がいるが、氏の見解が最も私にアピールするからである。例えば、1981年9月13日付け「朝日」では、日教組の「親と子の教育相談室」のある事例に対して、氏は次のように回答している。

第3章　不登校について

　「登校拒否は、子どもが学校をサボりたいから行かなくなるのではなく、何らかの理由で学校に対して恐怖、不安、不信、不満などを感じるため、子ども自身は登校する意思がありながらどうしても行けなくなってしまう状態なのです。(中略)子どもが登校拒否を起こす最大の原因は、親や学校のいいつけ通りにしていては、自分らしい自分でいられなくなる不安や不満を感じるためです。(中略)お母さんは自分の子育てを反省しておられますが、お子さんのように一方的に仕向けられる生き方に疑問や不満が持てるということは、頼もしくたくましいことであって将来有望な子どもと言えます。従って子育てが間違っていたとはいえません。
　しかし、お子さんの現在の状態をお母さんが不満に思って非難、注意、叱責したのでは、もっと悪くなるに違いありません。お子さんの生活を援助してあげてください。必ずしも学校に行くとは限らなくとも、きっと何かしら芽を吹くでしょう。」

　読んでいただければわかるように、子どもは本来自分が生きられ学べる場を求めていること、子どもが登校を(無意識のうちにも)拒否するのは、そうすれば、本来の自分でなくなってしまうことを直観的に知ってしまうからであること、一方的にしむけられる生き方に疑問や不満を持てることは頼もしくたくましい子であること、子どもの生活を援助してあげればたとえ学校へ行かなくても何かしら生きる展望を見つけ出せるはずであることなど、子どもの感性と可能性を信じきる姿勢で母親に訴えているところに、私は教育の原点を感じ、惹かれるのである。
　渡辺位氏は、40年以上も児童精神科医として登校拒否・不登校の問題に関わってきた専門家である。アメリカで「学校恐怖症」と名付けられた状態の子どもが日本で見つけられたのが1954年のことで(平井信義大妻女子大学教授による)、専門家の間で注目されるようになったのが1957年頃からだというから、渡辺氏は日本で登校拒否の子どもが現れ始めた頃からずっと子どもたちと関わってきたことになる。

その渡辺氏が登校拒否の子ども及びその親への関わり方を自省している件があるので、次に紹介しておきたいと思う。

　〔第一期〕今でこそ、登校拒否のよき理解者みたいな顔をしていますが、以前は必ずしもそうではなかった自分を振り返ってみなくてはいけないのです。かつては、初めて登校拒否となった子どもを持つ家族の方々や学校の先生のとるような行動とあまり変わらないことをしていたのです。

　つまり、登校拒否にみられる不登校という現象を、医学的な立場から症状と決めつけるようなことをしていた時代があったのです。要するに、心身の疾患が原因となるものではなく、単なる心理的理由あるいは、その子どもの生き方でもある不登校を再登校できるようにするための「治療」を目的に入院させてみたりもしました。

（中略）

　〔第二期〕子どもが見えはじめた頃が、この第二期です。入院している子どもたちと密に日々接しているなかで、学校のこと、先生のこと、家族のことについての、ナマの声、心の叫びを直接に、十分聞くことができました。それまで学理・学説あるいは社会「常識」、社会通念などといった既成概念でとらえていた登校拒否観が、次第に変えられていったのです。

　やがて、学校の先生方がどんなに子どもについて理解がないか、人について無知なのか、学校の管理体制や受験体制がどんなに子どもに圧力となっているのかを、あらためてこまごまと子どもから話されなくても、彼らと共にいると、学校状況に直面させられている子どもの怒り、悲しみ、くやしさなどが、直接伝わってくるように感じられ始めました。（中略）

　ところが残念なことに、このような、いわば子どもにとっては外側の社会である学校状況が、たいへんな圧力になっているのに、内側の社会であり、子どもが保護されなくてはならない家庭のなかで家族、とくに両親までが、すっかり学校側に巻きこまれていて、先生は信じていても、子どもを信じられなくなり、その子どもの苦しみや悩み、心の痛みを感じられなくなっていることが見えてきました。病院に来ている、いや来させられている子どもは、

今、社会のなかで孤独なのだ、とわかってきました。

　彼らには、ほんとうに彼らに代わって主張する保護者がいないのではないのか、と思えて、彼らには味方になる者が必要なのだ、と感じ、その味方になりたいという気持ちがしぜんに湧いてくるうちに、そのための役割意識が生まれてもきたのでした。この役割意識はあとで考えてみると実は安易にすぎ、軽々しいものだったのです。当然のことなのですが、最終的には、やはり親にはなれないのです。(中略)

　したがって、ほんとうに子どもと共に在ろうとしても限界があって自分の態度に矛盾が生じ、結局は消極的なものでしかなく、中途半端で終わることになる。そして結局はその子どもを裏切る者となるばかりだと思えてきたとき、行きづまってしまったのです。(中略)

　そこで、ほんとうに子どもの味方になるということは、自分が１人で他人の子どもを丸抱えするのではなく、やはり家族に帰すことなのだ、両親にほんとうの保護者になってもらうことしかないのだと知ったのです。

　もし、両親が今、その子どもの味方になりきれていないのであれば、その子どもに働きかけることも大切ですが、それよりも、もっと両親に、保護者であることに目覚めてもらうことが必要なのだ……つまり、子どもと共に在ることも大切ですが、それより前に、両親と共に、子どもを考えていかなくてはいけないのだ、と感づいたのです。

(中略)

　〔第三期〕そういうことで、入院あるいは外来通院中の子どもたちや、その家族との面接をつづけるうちに、家族に重点をかけなくてはいけない、と感じ、個別の面接ばかりでなく、複数の家族を同時にする面接も始めました。それは、子どものことについて理解が深められた家族の発言や影響力は、他の家族に対して、医療を行なう側の者の発言や影響力よりも大きく効果があることが少なくない、と知ったからでした。そして、この複数の家族との面接がきっかけとなり、「親の会」が生まれました。国府台病院のなかの登校拒否の親の会である「希望会」は、このような事情からできたのです。

(中略)希望会は月1回の会合を持ち、そのつど会報を出しつづけていましたが、ちょうど、10周年にあたる1983年(昭和58年)に、記念にこれまでの会報をまとめては、という意見が出されました。そして、最終的には会報のまとめではなく、『登校拒否―学校に行かないで生きる』(太郎次郎社)という本が出版されました。すると、この本を読まれた登校拒否の子どもをお持ちの方々から希望会への入会希望が全国から寄せられました。

　けれども希望会は、国府台病院に相談に来ておられる方々の会で、クローズドな会だったので、そのご希望には応じられませんでした。そこで当時、希望会のメンバーだった奥地圭子さんたちによって、希望会とは別に、外部の登校拒否で悩んでおられる方々のための会―「登校拒否を考える会」がつくられたのです。

　「考える会」は、この会の考え方に同調される方々や、それまで同じような会をつくって来られた方々とも連絡しあい、今では全国的なネットワークにまで発展してきました。そして登校拒否といわれる現象を中心に、互いに手を結び合いながら、学校教育を見直し、子育てを、さらには社会の仕組みや状況をもあらためて考えていく文化的組織、あるいは全国に散っているので1つの地域を形成してこそいませんが、1つの文化圏を形成するに至りました。」(以上、渡辺位著『不登校のこころ』、教育史料出版会、1992年、より)

　長々と渡辺氏のお話を抜粋してきたが、それは氏の登校拒否への関わり方や登校拒否についての認識が変わってきた過程を読み取ってほしかったからである。氏は、確かに登校拒否を医学や治療の対象としてきた第一期から、社会で孤立する子どもの味方になって子どもを庇おうとした第二期を経て、親や家族と共に歩みながら病理性を持つのはむしろ社会の状況であることを訴える第三期へとその取り組む姿勢を変えてきていると、私も思う。

　長々と抜粋してきたもう1つの理由は、つぎに取り上げたいと思っていた奥地圭子さんらの運動とのかかわりを見てもらいたかったからである。

　ところで、つぎに進む前に、昨年10月に山形で開かれた「不登校について

第3章　不登校について

の教育シンポジウム」の会場でフロアーの方から出された質問の中に、「登校拒否と不登校の違いは何か」というものがあったので、渡辺氏のその用語についての解説を以下に紹介してこの項を終えることにしよう。

「不登校という用語を学校に"行かない""行けない"の両方の意味で用いたいと思っています。"行かない"というのは自分の意思で行こうとしない場合だし、"行けない"というのは自分の意思にかかわらず行こうにも行けない状態のことです。その"行かない""行けない"両方含めた状態を「不登校」として表現したいと考えています。

もし、心身の病気や怠学による不登校まで、ひっくるめて登校拒否というと、どういうものが登校拒否かわからなくなってしまいます。だからそういう言い方はしたくないので、当面は心身の病気によるものでも自分の意思で怠けることによるのでもなくて、本人も学校というものに対して大いに関心があるにもかかわらず学校に行けなくなる、そういう状態でおきてくる場合に限って登校拒否といいたいのです。

ところでこの登校拒否という状態は、プラスアルファが加わってできているのです。つまり、不登校にプラスアルファがある状態を、「登校拒否」と考えたいのです。(中略)つまり、登校拒否はただ不登校状態というだけではない、それにいろいろな状態とか症状が加わっている、それを「登校拒否」としたいのです。ですから、学校にただ行かないで別にそれ以上何事もないだけの状態ならこれは単に「不登校」でいいと考えています。」

(前掲書：なお、下線を付したのは佐多で、プラスアルファに当たるものとして、渡辺氏は、閉じこもりや家族に対する暴力、身体症状、神経症、昼夜逆転などを挙げている。)

三　奥地圭子氏らから学ぶこと

奥地圭子氏は、日本で初めて登校拒否の子どもたちが安心して生活できる学舎をつくった人なので、今では教育の世界でその名を知らない人は希なほど著名である。氏が、自分の子どもの登校拒否に直面して22年間勤めた公

立小学校の教職を辞し、登校拒否の子どもを持つ親や市民の協力を得て、東京都北区の雑居ビルの一室で東京シューレを開設したのが、1985年のことである。12年目を迎えた96年には、3スペース約200人の子どもたちが自由に通ってくるフリースクールになったということである。

　ここに集う子どもたちの活動も多岐にわたり、日常のさまざまなプログラムやミーティングのほか、合宿や気球づくり、日米フリースクール交流やユーラシア大陸横断旅行、ログハウス建設などを子どもたちは実現し、不登校の子ども、若者の活動の場として、いまや学校に行かないで成長する道もたしかにあることを世に示しているとのこと。

　このように、子どもの居場所づくりから始まった東京シューレのスタッフたちは、市民の協力を得ながら、現在ではさらに新たな活動を進めてきている。それが、ホームエデュケーションをすすめる運動である。

　奥地氏らがホームエデュケーションをサポートする活動の検討に着手したのは1992年4月のことである。92年と言えば、文部省がそれまでとっていた「登校拒否は家庭教育が不十分なために起きる」という見方から「登校拒否は誰にでも起こりうる」という見方へと、その認識を転換した年である。文部省は、その後、民間施設への出席を学校の出席日数にカウントするという方針を打ち出したが、その影響はすぐにも東京シューレへの入会希望の動機にも現れてきたという。「出席日数になるから」というものである。しかし、こうした動機で子どもをシューレに行かせたいと思う親や先生のすすめは、結局子どもにプレッシャーを与えることになる。ここにいたって、氏らは、家庭で育つことをだめと思わない考え方、罪悪視せず、それを選べる社会にすることの必要性をますます強く感じたという。家庭で育つ教育に市民権を得るための研究や、氏らが行おうとするホームエデュケーション活動のための準備はこうして始まったのである。氏らがここから展開した活動は、つぎに示すように、いかにも多彩で、精力的である。

① 海外のホームスクーリングの検討

　ここで知ったのが、アメリカのホームスクーリングをする人たち（ホーム

スクーラー)を援助するクロンララスクールの活動、イギリスのエデュケーション・アザワイズという親のネットワーク活動などである。
※クロンララスクールは、ホーム・ベースド・エデュケーション・プログラムを合衆国のそれぞれの地域や(日本を含む)世界10カ国に住む 2,000家族にサービスを提供しており、また、クロンララがデイスクールとして機能するようになってから、私立学校の生徒や家族が楽しんでいるすべてのサービスを、家庭で子どもを教育することを選んだ家族にも提供している。(1994年の国際シンポジウムでの当該スクール校長の話)
※エデュケーション・アザワイズは、1977年に小さな親たちのグループによって作られ、学校とは別のものとして、家庭を基盤とした教育を実践している、あるいは深く考えている家族に対する援助と助言と情報を提供する自助組織として発展してきた。94年では約 2,500の家族が参加している。(国際シンポジウムでの当ネットワーク幹事の話)

② 資金の調達

本格的にホームエデュケーション活動を始めるには、悩みごとを抱える子どもや家族が実際にどのような生活をしていて、どのような要望をもっているのかを調査で知る必要性を感じ、トヨタ財団の「市民活動助成」制度に申請を出し、認められた。

③ 親もいっしょに具体案づくり

子どもたちにとって、生きることを力づけ、成長していくことへの援助となるような活動の具体案を東京シューレの父母とともに作りあげていった。

④ アンケート調査の実施

「在宅で成長している子どもへの支援についてのアンケート」(主として親対象)と「学校に行っていない子どものみなさんへ」(子ども対象)の二つのアンケート調査を実施した。

⑤ 命名「ホームシューレ」

学校外の子どもの居場所が東京シューレ、家庭を居場所にしてやっていくなら「ホームシューレ」ということで、命名された。

⑥　ホームシューレのスタート

　アンケート調査の結果を踏まえて、93年から交流・情報誌『ばるーん』を、とりあえず、中学生以上の子どもたちを対象にして作り始めた。

⑦　国際シンポジウムの開催

　94年9月に、『わたしはうちでやっていきたいの！　ホームスクーリング・ホームエデュケーション・不登校について考えるわが国初の国際シンポジウム』を開催した。

　こうしてスタートしたホームシューレの活動であるが、96年では、約200家庭の子どもとその親の人たちが、北は北海道から南は沖縄までと、全国から参加している、と奥地氏らは報告している。(以上、東京シューレ編『ホームエデュケーションのすすめ』、教育資料出版会、1996年、より）

四　現行の公教育体制を問う

（中略）

　子どもが学校に「行かない」あるいは「行けない」という不登校状態は、本人や家族に問題があるから起きるのではなく、学校に通えば子どもの自我が追いつめられるために起こる現象である。

　従って、不登校の子どもたちが、主体的に生きられ、成長していける生活・学びの場を社会は保障していかなければならない。子どもとその家族がそのような生き方を選択する場合、必要とする援助（行政的なものも社会的連帯も含めて）を保障していく社会を創り出していかなければならない。社会のシステムとわれわれの意識を変えていかなければならない所以である。

　　　　　　　【『民研論稿　No.17』、山形県国民教育研究所、2000年、所収】

　不登校の問題についての私の見解は、上の論稿で示した通りです。つぎに、私が関わったシンポジウムを紹介しますが、ここでも「意味ある他者」理論の視点が有効であることを示したいと思います。

第3章　不登校について

2.「教育シンポジウム」から学んだこと

　日本科学者会議という研究者のボランタリーな全国的組織があります。山形大学の中にその組織の山形支部があり、私は山形民研と同じくらい長くその会員となっています。1989年頃には私はそこの幹事をやっていまして、教育の問題などについても（キャンパス内で仲間と話し合うだけでなく）街の中に出て行って市民と話し合うようにしなければならないという支部の活動方針の下、実現したのが他の団体との共催で行った「教育シンポジウム」でした。このシンポの正式な名称は「いま、山形の子どもの人権と教育を考えるシンポジウム」と言います。このシンポは5回開かれましたが、「登校拒否」については2回ほど（3回目と4回目）テーマとして取り上げました。
　4回目の「教育シンポジウム」には、私は上述の支部の常任幹事として出席し、その内容の大凡を『日本科学者会議　山形支部つうしん　No81』（1990.3.31）に載せましたので、まず以下にそれを紹介し、後ほど簡単なコメントを付けたいと思います。

　　　　第4回教育シンポジウムに参加して―登校拒否問題をめぐって―
　親と子の教育相談所・日本科学者会議山形支部・青年法律家協会山形支部・山形県国民教育研究所・山形県保険医協会の5団体が主催する第4回教育シンポジウム（10月28日、於：県民会館小ホール）に、当シンポ実行委員として参加しました。今回のテーマは、第3回に引き続いて「不登校（登校拒否）問題をめぐって」でした。以下に、当日のシンポの内容を大まかに報告すると共に、私の感想を述べたいと思います。
　パネラーのお一方は、国立療養所山形病院の小児科医師、須藤睦子氏です。須藤氏は、同病院で臨床心理士のもう1人の先生と共に、100人位の「不登校」児（主に小・中学生）を診てきたとのことです。氏によりますと、「子どもは、その子の持つキャパシティを超えた容量を負担したとき、不登校になる」

ということです。そして、ここは筆者も強調しておきたいところなのですが、そのキャパシティはいわゆる"忍耐力"とは違うものだと言います。

氏は、このキャパシティを増すための、子どもの養育環境としての必要条件を、次のように3つ挙げました。①1人でいいから、その子を受け入れてくれる（愛情をもって包み込んでくれる）人がいること、②能動的体験を沢山すること、③大人のモデルがあること。

一方、学校のキャパシティにも触れ、学校に問題を投げかけています。①学ぶ喜びを用意しているだろうか、②個性を認めているだろうか、③能力を伸ばす機会があるだろうか、と。

また、氏は、上述のような環境が欠落してきているために不登校の子どもが多くなってきているとし、以下のように具体的に問題点を指摘しました。まず、子どもを受容するお母さんが減ってきているのではないかということ。これは、お母さん達が共働き等で忙しく、生活のしかたにゆとりがないため、或いは子どもの可愛がり方がわからないため、子どもに対して干渉的にかかわることが多くなってきていることと関連すると言います。

次に、子どもを育てる母親と祖母との問題。これは、特に女の子の場合の話ですが、おばあちゃんに育ててもらう子が多くなっている今日、養育者がおばあちゃんからお母さんへ移行する際、母親と祖母が不仲だと、子どもと母親との関係がぎくしゃくするということです。

次は、一定の枠や型からはみ出ることが許されない学校の画一性・統制という問題。そして、学校の先生も親と同様にモデルになる人が少なくなったのではないかという問題。

さらに、社会全体の動きが急で（これは、喩えて言うなら、皆が新幹線に乗っているようなもので）、そのため社会そのものに"ゆとり"がなくなっていること、1人の力では何もできないという無力感が広がっていること、子どもが自分の存在感をつかめなくなっていること等が指摘されました。

パネラーのもうお一方は、上山のエコー山荘の経営者、岩川ひさ子氏です。氏は、夫の岩川松鶴氏と共に7年前に蔵王に来られ、ここで「いこいの里」を

経営しています。岩川夫妻は、ここで100人を超える子どもたちを預かってきました。その子どもたちには、不登校の子どもだけでなく、社会にうまく適応できずそこに預けられた子どももいるということです。

　ここでの子どもたちの生活は、動物の世話や農業・栽培、木工・土木作業、山菜採り、山の散策等だといいます。また、冬の活動は、スキー一本やりとのことです。岩川ひさ子氏によりますと、この「いこいの里」に（不登校が理由で）来たばかりの子は、蝋人形のような顔をしていて、それは1年も2年も家の中に閉じ籠もる生活をしてきた子どもたちが多く、そのため夜・昼逆の生活をしている子が多いからだということです。

　そこで、そうした生活の立て直しを図るところから「いこいの里」での生活が始まります。子どもたちはやがて団体生活に慣れてきますが、始めの1～2週間は、身体の中の"うらみ""つらみ"を全部吐き出すそうです。「先公の野郎！～の野郎！俺のことをこんなにいじめやがって！」と言いながら。こうして教師や仲間に対する恨み言を言うだけ言ってしまうと、後はぱったり止んで、それから立ち直るということです。

　また、「いこいの里」に来る不登校の子どもたちは、概して、隔絶しているわけではないが、社会との接触が乏しい子・運動が不得手な子・潔癖な子・ばか正直な子が多いと言います。

　そして、岩川氏は前半の話の最後を「子どもたちが20歳になった時、社会で生きていける人になってほしいと願いつつ、彼らと暮らしている」という言葉で締めくくりました。

　ここからはフロアからの発言です。要約の形で記しておきましょう。

　米沢のAさん（母親）の話：娘さんが中3の2学期から不登校。両親共に社会的活動をしているため、忙しい。娘さんは手のかからないおとなしい子であったが、ある日押入の中に隠れていた。Aさんが米沢の教研に出席し、その時の講師の國學院大學の先生に時間をとってもらい話を聞いたところ、「登校刺激を与えないように」とのアドバイスをもらった。娘さんが石巻への1人旅をした。10月末になって「ロックコンサートに行きたい」と初めて要求

を出した。そしてコンサートに参加し、その時歌手が言ったことに彼女は感銘したという。「高校にいったら、親の許可も必要なしにロックコンサートに行けるよ」との母の励ましに、「高校に行きたい」と娘が言った。こうして、中学校の保健室へ通い始めるところから再起への努力が始められた。彼女は小学校の時から新聞配達をしていたが、不登校になった時もこれには休まずに行っていた。これが、彼女が早く立ち直ることに寄与したのではないかとの母親の談であった。

米沢のBさん（母親）の話：娘さんが中3の頃、不登校が始まる。直接のきっかけは、学校で先生が生徒をたたいたり、誰かがルール違反をしたとかで、皆を5時間も正座をさせたりしたことだという。Bさんは親の勉強会に入り、やがて「学校に行くのが解決ではなく、1人の人間として成長していくことが一番」と思うようになった。そして毎日テニスを付き合った。その子が好きなコンサートに行けるよう、山形まで車で送って来もした。彼女は好きな歌手がいて、その人の好きな詩人の詩集を読むことで、少しずつ生活の領域を拡げていったという。また、山形の予備校へ行って、そこで友だちもできた。今年の4月から東京のアテネ・フランセに通っているが、これはその娘さんが初めて親元を離れる経験である。ここのクラスは20人位の少人数制で60歳位の年長者もおり、そのおじいちゃんが彼女のことを「先生」「先生」と言ってくれて、頼りにされたり、世話をしてくれたりしているとのこと。

子どもと一緒に頑張って来たBさんの特に重要な発言として、「子どもはいつか外に出て行くし、子どもは子どもなりに自分の先のことを考えている。だから、子どもが自分で自分の道を見つけるまで、親は辛抱することが必要だ。そして子どもがそれを見つけた時には、思いっきり支援することが大事だ」という言葉があった。

Cさん（母親）の話：やはり娘さんが中学に行ってから不登校になった。今の先生がとてもやさしい。蔵王に不登校の子を世話してくれるところがあると聞いたので、そこに行けたらと思って今日来てみた。

Dさん（母親）の話：先日、お子さんが高校を中退した。（不登校の子どもに

ついて）学校の先生方にもう少し理解していただけたらと思う。また、学校の先生にこういうシンポに出て来て、勉強してもらいたい。
　Fさん（高校教師）の話：授業の2時間目を終えて、長井から来た。Fさんの勤めている学校に長欠者が10人程いる。出席日数の3分の1を休むと進級できなくなる。中退者や不登校の生徒が増えていることに、そうした制度的な問題も影響しているのではなかろうか。その辺のところを他の学校ではどう対処しているのかを知りたい。

　こうしてフロア発言が終了し、再びパネラーの提言がなされました。
　須藤氏は、不登校の子どもについて、①劣等感・罪悪感を取り除いてあげる（例えば、「学校に行かないことは悪いことではない」というように、子どもの不安感を取り除く）こと、②仮の衣を着せられている子どもの、その衣をとってあげること、③子どものキャパシティ・アイデンティティの確立を妨げているものを除いてあげる（或いは子どもをバックアップしてあげる）こと、④何かしてほしいことがあれば、それを表現できるようにしておいてあげること、が大切であると訴えました。
　岩川氏は、①勉強が好きかどうかは別として、基本的には、どの子もみんな学校が好きであるということ、②どの子も友達を求めていること、③親としては子どもが学校に行くことを当面あきらめて、期待しないこと、④どの子にはどうしてあげたらいいかを、まわりの人が見抜くことが必要であること、⑤手のかからない、いいお子さんがいるわけがなく、子どもは手がかかって当然であること、⑥小学校の時の学校のあり方と中学校の時の学校のあり方とに非常にギャップがあること、⑦特に母親が割り切ってしまうと、それ以上深刻にならないということ、⑧"拒否"をしてみせる子どもは生命力がある――いろいろな角度から子どもを見てほしいということ、⑨不登校の生徒も含め、社会的不適応の子どもを受け入れる学校を創りたいということ、等を述べました。そして、「社会の歪みは、弱い者に弱い者にと来る。（従って）みんながどこかでできることをしていかなければならない」という、氏の結

びの言葉は非常に印象的でした。(以下は略す)

　このシンポジウムの発言の中には、教育の原点とも言うべき子ども観や子どもへの関わり方・働きかけ方が沢山述べられています。以下ではそうした大切な箇所へコメントを付けていきましょう。
　まず、須藤氏が始めの方で子どもの養育環境として必要な条件を3つ挙げていますが、①と③の条件は"意味ある他者"理論の条件と重なります。なぜなら、①はまず他者から受け入れられ認められることが、自己を肯定的に見たりその他者に親密感や信頼感を持ったりする出発点になるからです。③のモデルがあるということは、子どもがその人のようになりたいと思える人物そのものを指すわけですから、わかりやすいですね。
　②の指摘は教育学的にとても重要なことです。子どもが(子どもでなくてもそうなのですが)興味や関心や知的好奇心をもってある活動に取り組むことは、子どもの能力を引き出しますし、何より子どもに生きる喜びをもたらします。
　「いこいの里」における子どもたちの生活は魅力的です。須藤氏が言う「能動的体験」もここには沢山用意されているような気がします。
　また、岩川氏の後の方の提言はさすがだと思います。特に、⑤の「手のかからないいい子どもがいるわけはなく、子どもは手がかかって当然である」ということと、④の「どの子にはどうしてあげたらいいかを、まわりの人が見抜くことが必要である」ということは、"子どもに寄り添いながら子どもの自立を見守る"という教育の原点に立った見方であり、忘れてはならない言葉だと思います。
　フロアのお母さん達からも子どもへの大事な関わり方が報告されていました。多くのお母さんに共通していることは、子どもの不登校が始まってからは親が今までよりもっと子どもと向き合い子どもの世話をしっかりとするようになっているということです。
　また、Bさんの娘さんが東京のアテネ・フランセのクラスで、ある年配の方に「先生」「先生」と言われて頼られているという話からは、その娘さんはとてもよい経験

をしているなと感じました。人から頼られるということは、「自己価値感」を十分に感じられる生活場面であるからです。同年代の者だけが集まる普通の学校ではなく、様々な年代の好学の徒が集う専修学校・各種学校だからこそ経験できる出会いの風景なのかもしれません。

3.「不登校」との関連で紹介しておきたいこと

あと2つほど語っておきたいことがあります。1つは、ある中学教師と不登校の生徒との出会いの話です。中学校の現場にかくもやさしく子どもと関わり、子どもの心を開いていった先生がいるのだということを皆さんに知ってほしいと思うからです。もう1つは、子どもが不登校になる原因についてはいろいろと言われていますが、それらの原因についてまとめている1つの表を紹介しておきたいのです。

(1) 松田国男先生とS君との出会い

松田国男先生は、先ほど紹介した「教育シンポジウム」の第3回目にパネラーとして参加し、「現場教師から見た「登校拒否」児の実態と学校におけるとりくみ」というテーマでお話をしてくれたのです。[1]以下、先生が「登校拒否」をどうとらえているか、S君と出会ってからどのような関わり方と働きかけをしていったかがわかるように、先生の言葉を紹介していきます。なお、これらはみな実行委員会がまとめた『第3回　いま、山形の子どもの人権と教育を考える─登校拒否問題をめぐって─シンポジウムの記録』(1989年9月発刊)から引用させてもらうことをお断りしておきます。

まず、先生は「登校拒否」という言葉がいかに不適切であるかを語ります。なぜなら「拒否」という言葉は、自分の意志でそれを受け付けないという積極的なニュアンスをもつからです。

しかし、先生は登校拒否の子どもに接してみて、子どもたちは本当の意味で拒否

---

(1) 松田先生も山形県国民教育研究所の所員を長いことしておられ、私は先生から教育者が大切にしなければならないことを沢山学ばせてもらいました。

することを知らないで育ったのではないか、拒否する教育を受けないで育ったのではないかという疑問を持つようになったと言います。出会い当初のS君の様子にはそうした印象があったようです。そのあたりについて、先生は次のよう語っています。

　「私がぶつかった子どもでいえば、中学校2年の2学期から3年の2学期までちょうど1年ぐらい、全く登校できなかったのですが、その子どもがだんだん自分の中に学校に行きたいという意欲、力がでてきていよいよ今日行くという日の出来事を私は今でも鮮明に覚えています。
　私はその子のうちに車で迎えにいったんです。それが約束だったんです。登校の。それで、前の日、1年近くも休み、で、大分太っていたんで、服も着られるかということで着てみたら着られると、明日は勉強しないけれども、形だけでも鞄しょうかと言ったら、しょうというもんですから、鞄も形だけしょっていこうと約束していた。で、彼は玄関にいて、準備していたのでした。私は彼の家の前に車を止めたんですから、彼が準備していたところから私の車まではわずか5メートルぐらいの距離しかないわけですね。その時彼はね、鞄、(私の学校では肩掛け鞄ではなくて背負い鞄なんです。両方、左右の手を通す鞄なんです) その鞄を大変律儀に手を通して背負ったんです。そして、背負ったまま彼は車に乗りました。車に乗ってこれまた律儀にですね。ベルトをかけなくてはならないということに当然彼は気付くわけです。ところが、鞄と後ろの車の背の間が離れているので、ベルトが長く伸びないわけですね。そのことに初めて気付いた彼は、そこでその背負った鞄を下ろすわけです。そしてベルトをした。こういう状態だったわけです。
　学校に着いてどうするかなぁと思っていたら、車から降りてまた背負うんです。その時は教室に行かないで校長室に行って、お茶飲んでお菓子をごちそうになってくるという約束ですから、玄関から校長室まで約15メートルぐらいですが、そこの間もずっと鞄を背負って行くわけですね。そういうことで、彼は、おそらく、中学校に来て鞄というものはちゃんと背負うものだと教

えられ、背負わないで肩掛けにしていると見つかり次第注意されているような現場を見ているのでしょう。どういう場面でも背負わなければならないという、そういう適用の仕方しか知らないんだなぁ、余りにも真面目すぎるんだなぁというふうに思いました。

　ですから、登校しないのは、怠惰やなまけではなくて、余りにも学校に行くことを真面目に考え、我慢し、我慢し、登校し続けて、そしてもう我慢しきれなくなってどうにもならなくなって行けなくなることだと思うんです。ですから、学校に行きたいが、行けなくなっている、学校という集団と本人との関わりの中で、いくつかの要因が絡み合ってその学校という集団に適応できなくなったために学校に行きたいが行けなくなったという、それが登校拒否(2)の本当の姿ではないかというふうに思います。」

　「登校拒否」の本質をこのように捉える松田先生は、つぎに、S君の生育歴に触れながら登校拒否に至るまでのいきさつを語ります。

　　「S君の場合は、明らかにいろいろな(生育歴の中で)登校拒否のシグナルを出していたんですね。たとえば、幼稚園の時代のことを友達に聞きますと、(彼は)非常におとなしい子どもで、彼を専門にいじめる子どもがいた、(そして彼は)何をされてもじっとおとなしくしていた、トラブルを避けよう避けようとしていたというのです。これは、中学生の証言ですよ。トラブルを避けよう避けようとしていたと。それから給食を食べるのが遅く、廊下で食べろと言われたことがある。これなどは人権の問題で、このようにして、幼稚園のとき給食を食べるのが遅いからこの部屋でなくて廊下で食べろと言われたのは大変恐ろしいことだと私は思うのです。
　けなげですから、子どもはね。そういうことをされてもずっと幼稚園には

---

(2) 松田先生は、発表の始めの段階で、「登校拒否」ではなく「不登校」或いは「登校不能」、「登校困難」と言うべきだという研究者の意見を紹介し、「登校拒否」という言い方は不本意だが、一般的に世の中で使われているので、このシンポでは「登校拒否」という言葉を使わせてもらいますとあらかじめ断りをいれました。

休まなかったんです。だから、欠席はゼロですけどもそういうシグナルはすでに見えていたと思うんです。

　それから、小学校になってくると低学年の1、2、3年までは1週間ぐらいの欠席です。4年になると2週間以上に増えているんですね。そして、テストがあると休みます。というふうに友達は言っています。5、6年は割合欠席はないんです。これは、1つは学級担任の問題ともう1つあるんです。彼と非常に性格も似ているし、息があった生徒が一緒に学年を構成した、そのために双子のようにしょっちゅう一緒で、トイレに行くにも一緒だったとお母さんが言っているんです。その子がいるために少なくとも学校に行けばその子と遊べる。その子とならば掃除もできるというようなことだろうと思うんです。高学年に休まなかったのはそれが大きい原因だと母は見ています。

　で、いよいよ私の中学校の方に来たわけです。中学校1年の時は23日の欠席です。特徴的なことは2学期から3学期にかけて多くなったことです。その背景としていじめやいたずらが発生していたわけです。断続的な休みでなくて連続欠席、2日休んで1日来る。また2日休んで3日来る。というような連続欠席が目立つようになります。

　帽子を隠されたり、学生服のボタンをむしりとられたり、それから明らかないじめですね。1年の時にすでに頭痛や腹痛を訴えています。時には、吐いたという記録ですから、もう、登校拒否の初期から中期に入りかかっているのではないでしょうか。でも、彼は頑張りに頑張ったんですね。で、2年生にきて学級編成変えがあります。2年になるといじめが一層深刻になります。学校でも学級でもいじめに取り組んだんです。この2年生の時から私はそのSという子と対面するんです。初めて○○中学校に私が来た年なんですが、本当に大変な年でした。学級や学年で教師・生徒あげていじめに取り組みますけども、なかなか克服は困難でした。

　2学期になって彼は11月8日以後完全に不登校になります。彼は、自分の部屋に四重に鍵をかけました。1つは彼の部屋の前に、買ってきて自分で作って鍵をかけたんですね。部屋に入ると今度は内側からかけたんです。それ

第3章　不登校について

から彼は、押入の中に寝るんですね。自分のベッド、寝床があるのです。その押入の外の方に1つと、押入に入って押入の内側に1つと四重に鍵をかけたということは、いかに彼がもうなんぴととも会わない、学校は言うまでもなく、母親も弟も妹も自分の城には入れないという意思表示だと思うんです。ここまで陥ったとき、もうどうにもならないということで山形病院のカウンセラーに行くわけです。そして、登校拒否と診断され、週1回通院するということになるわけです。

　で、ここから、さっき話したように1年くらいまるっきり登校できなかったわけですが、その期間私たちが家庭訪問、それから子どもたちが遊びに行く、遊びに行く時も登校刺激を与えない、学校の話はしない。彼が興味を持っているのはバイクなのです。もっぱらバイクの話ですね。バイクの好きな生徒もいて話をしてくるといったようなそういう接触の仕方をし、ようやく約1年で彼が来るんですけれども先ほど話したように最初の登校のエピソードが例の背負い鞄なんです。」

このような話の流れがあり、そしてこれからが松田先生がどのような働きかけをしていったかがよくわかるところに入ってきますので、その点に注意を向けながら続きを傾聴しましょう。

「彼と接して感じますことは、非常に、感情がないのではなくて感情を殺されているということですね。表情がないんです。嬉しいとか悲しいとか困ったとか憎らしいとか、顔の表情がない。もちろん言葉もない。言葉そのものが奪われているんです。これほどまでにいじめというものは人間性を奪うものかなと痛感しました。(中略)
　Sの場合はいじめのため、感情まで奪われているのです。それで、彼にまず教えなければならないことは、自分がいやなことは拒否するということですね。選ぶということです。拒否なんてことができなかったら選ぶということです。選ぶことから始めよう。まず第一に、学校に行くか行かないかは君

69

が選べるのだ。選べるんだ、明日行くか行かないか。行く。じゃあ行くことにしよう。そういうふうになったらですね、次に選べるのは時間を選べるのだと。何時に行くか。みんなと一緒に学校に行ってもいいんだよ、10時なら10時でいいんだよ、というふうにして時間を選んでいく。その次に選べるのは方法だと思うんですね。学校にかなり遠いんです。歩いて行くという方法がありますね。それが一番、自立歩行ですから基本なわけですけども、それができなかったら私の車に乗って行ってもいいよという形で選択することを教えていくことから始めました。そして、学校に来てから、帰る時も彼の意志で帰る。その方法も選ばせる。そういうふうにしていく。

　そして、学校の中で彼がいる時間をだんだん長くしていく、いる場所も彼がいいと選んだ教育相談室が一番安定的なようです。友達が来ないというようなことですね。仲間らに接する機会が少ないのは、この教育相談室なんです。普通教室の方へはなかなか行けなかったんです。その次、行きやすいのは保健室でしょうか。

　それから、彼が一番最初に行ったのはなんと言ってもバイクに興味がありますから、日中ではなくて放課後、技術室にあるぽっこれバイクを修理する、それを友達が誘ってですね、放課後修理するわけです。そして、2日も3日もかけてエンジンのかかるバイクに仕上げていくと、そういうことで一番最初に彼が教室に彼の意志で足を踏み入れたのは技術家庭科なんです。技術家庭科は土曜日の3校時に当時設定されていたんです。ですから、彼が登校するのはだいたい10時ですから3校時という時間にも合うし、それから3校時頑張ってもあと半日は休み、つぎの日1日は休みなわけです。条件としては一番揃っていたわけですね。技術家庭、その次に行ったのが美術です。美術でものを作る時です。そうしてくるとね、奇しくも5教科でないんです。点数をつけられるのは5教科なんです。私の学校では。国・社・数・理・英なんです。これは、もう中間テストと期末テストでは160人いますと160人中160番というそういうシステムになっているわけですね。ところが、技術と美術とはそうでない。

そういう教科に彼が最初に行ったということは非常に象徴的ではないでしょうか。それで、その他の教科には出られないわけですから、空き時間に私たちが対応していくんですけども、<u>その時私は彼の感情が出てくることを期待してものを書くということをしました。ものを書くということは自分の中にもう1人の自分をつくるということだと思うんです。そして、そのもう1人の自分と対面しながら自立の過程を獲得していくわけですね。</u>

ところが、彼にはそれができないんです。そこで、できるだけ物や人に接するようにして、給食なども教育相談室で始め1人で食べていたわけですが、一番仲の良い人と2人で食べる、三人で食べる、班の人たちと食べるという形でだんだん物や人に接していく中で、今日の出来事を書く日記みたいなもの、生活記録みたいなものを始めました。最初は1行だけでした。そして、わざわざその日記の形式を朝起きた時刻と昨日寝た時刻、それから昨日やったことそれから最後に感じたこと、この4項目で書くこと（にしたのですが、この4項目で書くこと）にしても、最後の感じたことが出てこないんですね。そこが書けないんです、彼は。そして、書いていることは雨が降ったとか寒かった、とかです。寒かったも皮膚感覚ですから感情の土台だと思いますが、そういうことしか書かないんです。それから給食を残したとかね。で、感情が出てくるのはかなり後なんです。物や人に相当接する、それからさっき言った技術の時間に出る、美術の時間に出るなどがあってですね、約1ヶ月後ぐらいの日記に「部屋でぼやっと何もしていなかった。午後6時ごろから親戚の人が来た。午前中退屈だった。」と書いてきたのです。この日記で私は初めて彼の感情らしいものを見るのです。

退屈という言葉は何か心の内にしたい要求がありながら、なすことがなくて困る状態を言うのだと思うのです。Sという生徒はおそらく友人が遊びに来るのをね、その頃しょっちゅう遊びに来ましたから、遊びに来るのを心待ちにしていたんです。しかし、生徒の都合で誰も来ない日もあるわけです。そうすると、友達は来ない、遊びたいが遊べない。そういう心の要求で感じられる空白感みたいなものを退屈という言葉で表したと思うんです。そして、

12月2日、次の日、日曜日ですけど、友達のA君とB君が彼を誘ってですね、発動機直しをやっているんです。自分の家でですね。そして、その後に「発動機は1度止まると動かなくなるので大変だった。」ということを書いてます。この「大変だった」で感情表現らしい言葉が出て来ます。

　それから、12月に入りますと、友達が遊びに来るのを待てなくて、今度は、退屈な感情を退屈だと表現しないで、自分から外に出ます。そして、誰か遊ぶ人がいないかということで町の中を自転車でふわっと回るんですね。

　そうすると友達がいる。その友達と2人でまた別な人のところへ行く。で、3人でまた4番目の人のところへ行くということで、4人で遊んだ。こういうことなんです。で、その日の日記は「家に帰ってから3時くらいまでとてもひまだった。」と書いてあるんです。

　暇というのはね、退屈よりももっと心の要求が強くて何かしたい、したいけれども出来なくて見つからないでいるみたいな、そういうことでしょう。だから暇な状態をなくすためには、彼は出なければならないわけです。行動しなければならない。それで、出て遊んだということになっていくわけです。

　で、こういうふうになってくると、彼の言葉がだんだん彼の中に回復してきます。この日記を書いた頃から、彼は朝出かける時、おばあさんに「行ってきます」と、学校に行く時挨拶がよみがえってくるんです。幼稚園や小学校の時にした挨拶がようやくよみがえってきます。それから、学校で授業を受けて帰った日には、9時過ぎ遅く残業から帰った父親に「お帰りなさい」と言ったという。お帰りなさいという言葉も彼の体の中によみがえってきます。それから、おばあさんの話ですけれども、毎日おばあさんが、弁当洗うから出せと言うんですが、言われるまで出さなかったのに、その日は自分から弁当を出したと。そういうふうにだんだん彼が人間らしい言葉を回復していくわけですね。」

　ここまでの松田先生のお話で、先生がどのような教育的な働きかけをされたか明らかですが、ここで一応確認しておきましょう。そのことがはっきりと示されてい

るのは、私が下線を付した箇所です。いじめによって感情まで殺されてしまったS君に先生が教えようと試みたことは、まず、自分がいやなことは拒否すること、拒否までできないならば"選ぶ"ということでした。そして、そのつぎの働きかけは"ものを書く"(働きかけ手の方から表現すれば"ものを書くように指導する"というようになるでしょうが)ことでした。このような深い洞察とすぐれた教育的知見にもとづく働きかけにより、S君が人間的な感情を取り戻してくるわけですね。

　しかしながら、松田先生(等)の働きかけはひとりS君に対するものだけではありません。(もう既にここまでの話の中に出てきているのですが)S君の友達や或いはこれから友達になる生徒たちに対するものもあるのです。そのあたりのことを、引き続き、先生のお話の中で確かめて下さい。

　「言葉というのは、人間そのものだと思いますから、そういうことでだんだん集団の中に適応してくる。そして、彼を迎える集団がどんなに健康な集団であって、彼が来れない集団というのはいかに、大人の言葉で言えば、人権が侵されて学校らしくない、安心して来れない学校だったのかということを子どもたちは体で知っていったんだと思うんです。
　ですから、私たちはこの取り組みは、決して教師だけで子どもが来るようになっっとは思いません。むしろ子どもの力が大きかったんではないでしょうか。で、どうにもならなくなった時に私たちは学年単位で話をして子どもたちに本当のことを話そう、今ならば話せる、そういうふうに判断して先ほど話したS君が四重に鍵をかけたというような話を各学級でしました。そうしたら、子どもたちは反応するんですね。ある子どもは、私がこの話をして廊下に出てきたら私の後を追いかけてきて、実は、私はS君に謝りたい。先生S君は明日来るんですか、というわけです。来ると思う。で、どんなことをしたのと聞いたら、1年の時私は彼をいじめたと言うんですね。そのいじめたという子どもも実はいじめられてたんです。いじめられっ子が自分より弱い人を更にいじめていたんです。こういう構造なんです。S君はもう誰もいじめることはできないんです。だからおとなしい弟に当たっているわけです

ね。そういう仕組みなんです。で、1年の時いじめたということは私は知らないわけです。この学校の教師でないですから。だから、その知らない私のところに、君がいじめた、それで誤りたいということは非常に勇気のあることだ。すばらしいことだ、と褒めて、次の日彼にちゃんと謝って一緒に学校で勉強しようというふうに言えば、彼も喜ぶんでないかな、と言ったわけです。

　ところが、次の日S君は欠席したわけです。学校へ来なかったんです。そしたら彼は今度は私の家に訪ねて来ました。これからそのS君の家に謝りに行きたいと思うけども、どうだろうということなんです。それは良いことだ、じゃあ私も行くということで行きましたけども、このように子どもたちというのはすごく反応してくるんです。そして、さっき言ったようにバイクのことでは話すし、それから技術家庭科室に入り技術の授業を受ける時もさりげなく教育相談室にいる彼を誘って行っているんです。

　こういう形で彼は集団に適応してだんだん、一時、奪われていた感覚みたいなもの、人間らしさみたいなものを次第に回復してくるといったことがあったのではないかと思います。」

　いかがでしたでしょうか。教師(集団)の子ども(たち)への関わり方や働きかけが真摯なものである時、子ども(たち)の意識や行動が変わることを教えてくれる見事な事例だと私は思いました。なお、このシンポジウムにおいて、松田先生は他にも不登校に関わる重要な指摘をされましたが、ここでは割愛させていただきます。

(2)　不登校の原因を指し示す1つの研究結果

　今日まで、多くの医師や研究者、教育関係者・実践者が不登校問題に関わり、多くの人が不登校についての論文や著書を書いています。そうした文献の中で、何が原因で不登校が起こるのかについて言及しているものも、これまた多いのです。

　私は、第1節で示しました通り、基本的に不登校は病気ではないという見方をしております。しかしながら、不登校状態になってからも本人を追いつめるような状況が続けば、以前に言われていた「登校拒否症」という心の病にまで至ってしまう

ことはありえますし、実際そうした事例をいくつか私も知っています。

　私のような見方をする限り、"この子は精神に障害があって学校に行かなくなりました"とか"あの子の不登校は心の病が原因なんですって"というようなケースは(もしそれが事実だとすれば)、それは主として医療の領域の問題ということになるでしょう。私は今まで学校に行っていたごく普通の子が学校に行けなくなるような状態を「不登校」と捉えていますので、不登校の原因に精神的な疾患を位置づける分類法はあまり興味がありません。が、早い段階から多くの「登校拒否」児童・生徒と関わり、「登校拒否」の類型化の研究を進めてきたグループの作成した表がありますので、参考までに紹介しておきたいと思います。その表とは、前述の"Why Children Reject School ― Views from Seven Countries"という書籍に収められている日本からの研究報告の中の1つ"School Nonattendance and Psychological and Counseling Services"(小泉英二論文)に示されているもので、表のタイトルはTypes of School Nonattendanceとなっています。以下に、不登校の要因とみなされているものがどのような英語の表記になっているかを知る意味でも、その表で示されている英語の文字をそのまま記しておくことにしましょう(ただし、相当する日本語を、小泉氏が別の著書で示しているので、表の中に加えておくことにします)[3]。

---

[3] この論文の著者、小泉氏は東京都立教育研究所の相談部長をしていた方で、グループの研究成果を『登校拒否』(学事出版、1973年)、『続登校拒否―治療の再検討―』(学事出版、1980年)等で発表してきましたが、本論文で掲げられているタイプ分けは既に上の著書『続登校拒否』で示されています。ですが、各タイプの%値は新たに書き加えられたものです。

Types of Nonattendance *

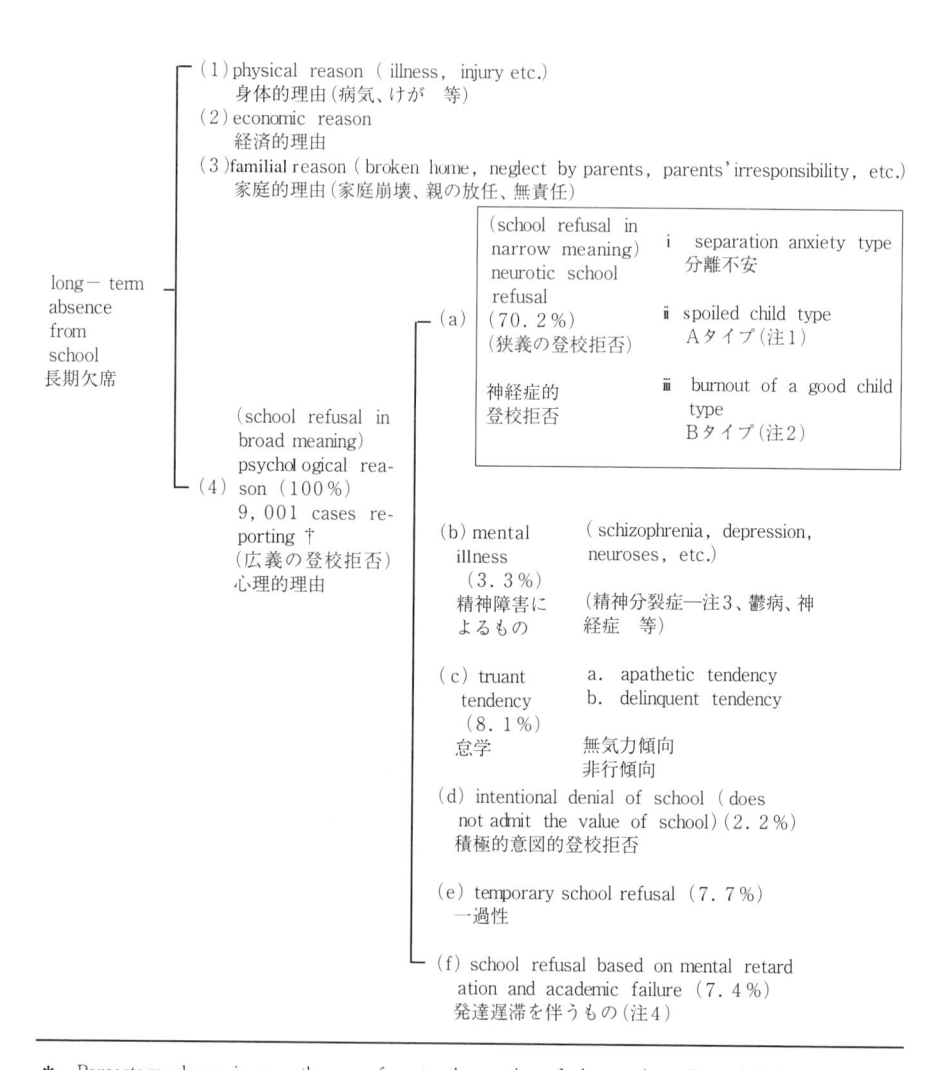

```
long-term absence from school
長期欠席
├─ (1) physical reason (illness, injury etc.)
│     身体的理由(病気、けが 等)
├─ (2) economic reason
│     経済的理由
├─ (3) familial reason (broken home, neglect by parents, parents' irresponsibility, etc.)
│     家庭的理由(家庭崩壊、親の放任、無責任)
└─ (4) (school refusal in broad meaning)
       psychological reason (100%)
       9,001 cases reporting †
       (広義の登校拒否)
       心理的理由
       │
       ├─ (a) (school refusal in narrow meaning)
       │      neurotic school refusal (70.2%)
       │      (狭義の登校拒否)
       │      神経症的登校拒否
       │      ├─ i  separation anxiety type
       │      │     分離不安
       │      ├─ ii spoiled child type
       │      │     Aタイプ(注1)
       │      └─ iii burnout of a good child type
       │            Bタイプ(注2)
       │
       ├─ (b) mental illness (3.3%)
       │      精神障害によるもの
       │      (schizophrenia, depression, neuroses, etc.)
       │      (精神分裂症─注3、鬱病、神経症 等)
       │
       ├─ (c) truant tendency (8.1%)
       │      怠学
       │      a. apathetic tendency
       │      b. delinquent tendency
       │      無気力傾向
       │      非行傾向
       │
       ├─ (d) intentional denial of school (does not admit the value of school) (2.2%)
       │      積極的意図的登校拒否
       │
       ├─ (e) temporary school refusal (7.7%)
       │      一過性
       │
       └─ (f) school refusal based on mental retardation and academic failure (7.4%)
              発達遅滞を伴うもの(注4)
```

* Percentage shown in parentheses refers to the portion of the total number of 9,001 school refusing children who were consulted in prefectural and designated cities' educational centers in 1986.
括弧内の%は、1986年に(全国の)県及び指定都市の教育センターが相談に与った登校拒否児の総数 9,001の中に占める割合を示す。(佐多訳)
† Percentages do not add up to 100 due to rounding.
%は、まるめているので100にはならない。(佐多訳)
(注1) 原文にはない(注)ですが、補足説明のため設けます((注4)まで以下同様)。小泉氏は、このタイプ

は、親が、子どもを甘やかし、世話をやき、子どもに引きずられ、子ども自身がトレランス（耐性）がなく、未成熟なところがあり、いやなことがあるといちばん安全な家のなかへ逃げこむというパターンであると言っています（『続登校拒否』より）。
（注2）　このタイプは、きちんと躾けて、優等生として申し分ないような子どもに育てあげたために、子どもは途中で息切れして登校拒否に陥る場合である、と言います。
（注3）　この病名は、日本精神神経学会において2002年に呼称変更され、現在は「統合失調症」と言います。この呼称変更は、"精神が分裂している"といった人格そのものを否定するような響きがあり患者や家族に苦痛を与えてきたということと、向精神薬による著しい治療効果が認められてきたということで、偏見解消を図るため学会が起こした行動であると言えます。
（注4）　直訳すれば、ここは、精神遅滞と学業不振にもとづく登校拒否というようになるでしょう。

　小泉氏らが整理したこの分類表では、センターなどへ相談に訪れた登校拒否の多く（70％）は神経症的登校拒否であるということですから、それらの子どもたちは精神疾患とまではいかなくても限りなく病気に近い子どもたちというように見られているわけです。
　繰り返しになりますが、不登校状態そのものは病気ではありません（本当に病気になって学校に行けないというのは別ですが）。そうした状態にある子どもをさらに追いつめる何ものかがある時、子どもが本当に心の病気にまで追い込まれる危険性が高まるのです。ですから、不登校状態にある子どもの周りの環境を子どもが過ごしやすいものに変えていったり、子どもとの関わり方を適切なものにしていったりすることが必要になってくるのです。
　そういうことですから、上に掲げた表は、子どもの養育環境として大人たちが配慮しなければならないことをその行間から読み取るといった利用のしかたをするといいのではないでしょうか。

第 4 章

いじめについて

1.「いじめ」問題に対する私の捉え方

　私は、山形民研の第13期の研究で、「人権研究委員会」の報告として「いじめ」問題についてまとめてみました(『民研論稿』の中の論文のタイトルは「いじめ問題克服への道」としました)。そこで、本章ではまずその論稿を紹介し、その後で、関連する話をしてみたいと思います。なお、論稿の紹介にあたっては、原文が「である」調なので、文体はそのままにしておきます。

　　はじめに
　　前号の『民研論稿　No.17』では「不登校」について筆者の見解を述べてきたので、今期の課題は「いじめ」で纏めてみることにした。
　　日本で、いじめが社会問題として注視されるようになったのは、いじめによって多くの生徒が自殺してからである。伊ケ崎暁生氏らが編集した『日本教育史年表』(三省堂)によれば、「1978(昭和53)年3月警察庁『少年の警察白書』で昭和52年度の自殺少年784件、高校生242人、中学生103人、など指摘」、「1979(昭和54)年7月警察庁、自殺の動機の1位は「学校問題」などと指摘した「少年の非行と自殺の概況」発表」と記されている。このように学校という子どもの重要な生活の場が絡んだ子どもの自殺は、この頃から社会問題化され始めたとしてよいであろう。
　　当時、NHKの学校教育部のチーフ・ディレクターをしていた市川昌氏は『現代のエスプリ　いじめ』誌(昭和61年、至文堂)の中で「「いじめ」による自殺者が急増している。昭和59年度7人、昭和60年度9人、昭和61年度は中野区富士見中学校の鹿川裕史君を始め春までに5人。(中略)昭和58年頃から校内暴力の沈静化傾向とは逆に学校内で「いじめ」が激しくなり、NHKに母親から「学校でいじめられて困っているが、先生からは『お宅のお子さんは消極的で、友人関係に問題が多い』と注意され、とりあげてくれない」という訴えがひんぱんに寄せられ始めた。」と指摘している。

国が、こうした事態の重大性を認識し、動き始めたのは1985（昭和60）年になってからである。法務省が同年、「いじめ」問題解決に積極的に取り組むよう各法務局・地方法務局長に通達を出し、文部省もいじめ対策を求める通知を各都道府県教育長に出した。いじめについて文部省が統計を取り出したのもこの年からである。そして、翌年には鹿川君の自殺後に「いじめ根絶」の通知を出した。その後文部省が「いじめ対策通知」を出したのは、大河内清輝君が自殺した1994（平成6）年のことである。

　いじめが社会問題化してから、有効な手だてを打ち出せぬまま時間は推移していったが、国が何もしなかったわけではない。94年に文部省は「児童生徒の問題行動等に関する調査研究協力者会議」を設置し、いじめの実態を把握するための子ども・保護者・教師を対象とするアンケート調査やいじめに関する事例研究などを行い、それらの検討を経て「いじめ問題に関する総合的な取り組みについて」という報告を纏め（96年）、いじめに関する対応策を示してきた。総務省行政監察局もいじめ問題対策を推進すべく、1997（平成9）年に「いじめ・登校拒否・校内暴力問題に関するアンケート調査」を子ども・保護者・教師を対象に行い、その結果を『いじめ・不登校問題などの現状と課題』として纏め、98年に文部省に勧告している。さらに、文部省はスクール・カウンセラーを教育現場に配置するという具体的な行政措置まで講じてきている。

　しかしながら、今日までとられてきたわが国の行政的対応はこれで十分なのであろうか。私はそうとは思わない。それは、不登校・いじめ・校内暴力等、いわゆる学校が絡んで生起する問題を減少させたり、抑止したりするほどの教育システムや教育環境の改善の取り組みが未だ十分にはなされていないと筆者が考えるからである。

　本稿では、外国におけるいじめ問題への取り組み状況を見ていく中で、日本でも見習うべき対応を指摘してみたいと思う。そして、いじめ問題との関連で、これからの公教育の有り様について筆者の見解を述べることにする。

一　外国におけるいじめ問題への取り組み状況と優れた例から学ぶこと

　外国では、いじめは問題になっていないだろうか。不勉強のため、筆者は今日いじめが問題にされている国はそれほど多くはないだろう、また、たとえいじめが問題になっているとしても日本ほど多くは発生していないであろうと3年ぐらい前までは思っていた。しかし、そうではなかった。日本のいじめ問題の研究に早い時期から精力的に取り組んできた森田洋司氏を総監修・監訳者として1998年に出版された『世界のいじめ　各国の現状と取り組み』(金子書房)を読むと、そのことがわかる。

　この書は、森田氏らの研究グループが各国のいじめ問題に関する第一線級の研究者・専門家にお願いして寄せられた、それぞれの国の最新の研究結果や先導的な実践的試みについての論文・資料集である。本書に収められている論文を寄稿した国・地域名は以下の通りである。

　オーストラリア、ニュージーランド、マレーシア、アメリカ合衆国、カナダ、スウェーデン、ノルウェー、フィンランド、デンマーク、ポーランド、ベルギー、オランダ、ドイツ、フランス、スイス、アイルランド、スコットランド、イングランド・ウェールズ、スペイン、ポルトガル、イタリア、中近東・アフリカ・ラテンアメリカ諸国。このうち、優れた取り組みを展開している4ヵ国と危うい教育行政の影響が出かねない国1つの事情を紹介してみよう。

1　スウェーデン

　ここでは、いじめをテーマにした世界で最初の組織的な研究プロジェクトを行ったダン・オルヴェウス(ベルゲン大学教授)のことをまず語らなければならないだろう。スウェーデンでいじめ問題という現象一般に対して社会が関心をもつようになったのは、1960年代末から70年代初めのことである。当時いじめはMOBB(N)INGという呼ばれ方をされていた。

　この用語は、スウェーデンにおいて、学校医のP・ハイネマンが、人種差別問題という文脈の中で議論を展開するにあたって使い始めたという。ハイネマンはmobbingという用語を動物行動学者K・ローレンツが攻撃について論じた著作のスウェーデン語版から借用したということである。動物行動学にお

けるモビングという言葉は、動物集団が別の種の動物に対して、共同で攻撃を加えることを意味する場合に用いられるそうで、ローレンツの著作の中ではモビングという用語は、学校のクラスや兵士の集団が、逸脱した個人に対して、よってたかって攻撃を加えるという行動を表すのにも使われている。

　また、英語のmobという表現は、社会心理学の分野ではかなり長い間使われてきており、共同の行動や争いに加わっている、比較的大きな人間集団——群衆あるいは多数の人々——を意味する場合に使われている。文献では、攻撃的モブ（集団リンチとしてのモブ）、恐怖を原因とするモブ（避難としてのモブ）、獲得のためのモブ、というように何種類かのモブの間に区別をつけている、とのことである。

　こうした動物行動学や社会心理学の中で使われているモビングという用語を、学校という環境で起こってきている「いじめ」に適用することに対して疑義を唱えてきたのが、ダン・オルヴェウスである。彼は、「学校で実際に起こっているモビングの中に、全員と1人とが対立するという状況が、はたしてどれだけ含まれているのだろうか」「モブというのは、何らかの理由で集団のいらだちや敵意を引き起こした一個人に向けて、予期せず突然に、その時の雰囲気にひきずられて起こるものである。子どもの集団がこのように一時的に感情を爆発させるということは起こりうることではあるけれども、これとは別の種類の状況（その状況とは、生徒個人が、長期間に及ぶ計画的な攻撃にさらされているという状況のこと）に対して注意を向けることのほうがより重要である」と考え、研究に取り組んでいったのである。

　彼が手掛けたノルウェーのベルゲンにおける研究のデータでは、大多数の事例において、いじめの被害者は2人ないし3人の生徒からなる小さなグループからいやがらせを受けており、そのグループにはしばしば否定的な意味でのリーダーがいる。しかし、およそ35〜40％というかなりの割合の被害者が、自分はおもに1人の生徒からいじめられたと回答している。

　こうした研究結果は、動物行動学や社会心理学においてモビングという概念が一般に意味するものとは大きく異なるものであった。かくしてオルヴェ

ウスは、生徒間で起こるいやがらせを、「いじめ問題」(bully／victim problems)という用語で表すようにし、今日この用語は国際的に受け入れられるようになってきていると言う。「学校におけるいじめ」は、彼によれば次のように定義される。

　1人の生徒が、1人あるいはそれ以上の生徒による拒否的行動に、繰り返し、長期にわたってさらされている場合に、彼または彼女はいじめられていると言う。

　それでは、ここでスウェーデンにおける優れた取り組みを簡単に記しておこう。

(1)　オルヴェウスが1970年から、第6～8学年の男子生徒900人の3つの同学年集団を対象に調査をしているが、いじめの加害者を中心にした追跡調査を今も続けていること。

(2)　「いじめ問題に関するアンケート」を全国規模(60校、第3～9学年の男女生徒　17,000人対象)で行っている(1983～84年)こと。

(3)　オルヴェウスが提唱した一般的アプローチやピーカス法或いはファースタ法などのいじめへの介入を図る対応策・防止推進策がとられていること。

(4)　スウェーデンの学校を監督する役割を担っている全国教育庁が、いじめに対処するための地域の学校プロジェクトに対し財政的支援をするとともに、それらの取り組みを纏めて『私を虐待しないで』と『いじめをどうとらえるか』という2冊の出版物を刊行したこと。

(5)　いじめ問題に取り組む非営利的な保護者の団体が多く設立され、そうした団体が「子どもオンブズマン」として、様々な機関の実施するいじめへの対抗の取り組みを奨励・調整したり、いじめ問題に対する世間の関心を高めたりする役割を果たしてきていること。

　オンブズマンは1995年、生徒たち自身の反応や見方を聞き出すため、国内の13歳の子ども全体のおよそ50％に対して、オンブズマンに手紙を書いていじめ問題に対する自分自身の考え方を述べ、いじめに取り組むための方

法について提案するように呼びかけた。その結果、6000通以上の手紙が寄せられ、いじめに対処する方法についての提案も200通以上にのぼったという。

　手紙に書かれていた主なメッセージは、学校にいる大人は、生徒の間で起こっているいじめを見ていないか、或いは見たがらない、ということであった。そして、それに関連したもう一つのメッセージは、学校にはもっと熱心な大人がいてほしい、いじめを気にかけ、あえていじめに目を向け、いじめを仲裁してくれるような大人がいてほしいと、生徒は考えているということであった。

　こうした取り組みについての報告書『いじめに目をつぶらないで』を、子どもオンブズマンは政府に提出し（1997年）、状況を改善するための提案を数多く行っている。これらの提案の中には、教師や他の職員は、暴力や虐待を加えようとするいかなる試みについてもそれを防止し、それに対処しようと積極的に務める責任を負わなければならないというものや、いじめ問題についての知識やいじめ問題に対処しそれを防止するための方法に関する知識についての学習を教員研修のカリキュラムの中で必修にしなければならないというものも含まれている。

　以上がスウェーデンにおけるいじめ問題への取り組み状況である。

2　ノルウェー

　ノルウェーの章を執筆しているのもダン・オルヴェウスである。彼はスウェーデン人であるが、1970年代初頭よりノルウェーで暮らしている。

　ノルウェーでは、1970年代から80年代初めに、いじめ問題がマスメディアや教師や親の間でさかんに話題になったが、学校当局はまだ正式にいじめ現象に取り組む姿勢を見せなかったと言う。

　が、82年暮れ、ノルウェー北部に住む10～14歳の少年3人が仲間からのはげしいいじめを苦に自殺をしたという記事が新聞で報道されるや事情が一変した。翌年の秋には、政府教育省のきもいりで全国の小・中学校（1～9年生）を対象にいじめ防止全国キャンペーンをくりひろげるまでに至った。

オルヴェウスは、教育省から指名を受けて、いじめ防止全国キャンペーンの計画・実行委員会の一員となり、いじめ問題に関するアンケート調査を全国規模で行う責任者となった。この調査ではオルヴェウスいじめアンケート修正版が使われ、女子の間で起こるいじめや攻撃性の形態をも含んでより広範なものとなった。

　大規模調査の結果、ノルウェーの小・中学生の約15％が、加害者または被害者としていじめにかなり恒常的に関わっていることがわかった。この調査からはいじめの実態を示すいろいろな数値が明らかにされているが、紙幅の関係で割愛させてもらうことにする。

　オルヴェウスいじめアンケートを使った調査の大量のデータが他の多くの国でも集積されてきているが、日本では1992年に試みられている。

　以下にノルウェーにおける優れた取り組みの主なものを紹介しておこう。

(1)　いじめ防止全国キャンペーンの一環として開発され、科学的にも検証された介入策を打ち立てたこと。

　　　この介入プログラムは次の4つの原則にのっとっている。①生徒に対する温かさと積極的な関心、大人の側の真剣な取り組みをもった学校環境（理想的には家庭環境も）を作りあげること　②容認できない行為に対しては断固たる姿勢をとること　③ルールに反した場合、敵意のない、身体的痛みを伴わない制裁を一貫して与えること　④学校でも家庭でも、大人は少なくともある程度は権威をもってふるまうべきこと

(2)　教師による生徒いじめの可能性を特別のアンケートを使って調べた結果、このことが予期していたよりずっと高い比率で起こっていることを確認したこと。

(3)　いじめ問題自体の説明と防止のため教師や学校ができることのアドバイスを掲載した小冊子を全国の小・中学校に配布したこと。

(4)　いじめの被害者や加害者の親、そしてその他の子どもたちの親用の情報パンフレットの作成と配布

(5)　新たな教師用手引きの作成

（6） 生徒会活動に向けてのいじめ防止教材の製作と配布
（7） 子ども人権オンブズマンや子どものための精神衛生機関による電話ホットラインの設置

等々

3　フィンランド

　フィンランドではスウェーデン語も使われていることから、ハイネマン（前述）の著作は学校心理学者の間で読まれており、知られていた。しかし、画期的な意味をもつことになったのは、ここでもオルヴェウスの著作（1973年）であった。この著作は、学校におけるいじめに関する最初の集中的な実験的研究についての報告である。

　フィンランドのある大学で、攻撃行動をテーマにした研究グループを組織していたキルスティ・ラガースペッツは、オルヴェウスの研究をフィンランドの学校において追試しようとした。この追試はオルヴェウスの研究結果を再確認するものとなった。いじめに関する他の調査研究も行われ、重要な知見も多く見いだされているが、それについては省略することにする。

　フィンランドにおける優れた取り組みは以下のようである。

（1）　病院の外来患者診察を長年していたティモ・ヌーティネエンが学校でのいじめによる傷害のひどさをスライドにし、このスライドが1980年代にはどの学校でも上映されていたこと。

　　　フィンランドの論文報告者は、このスライドが与えるショックには、①学校に通う子どもたちが、いじめのもたらす結果についての「情報」を得る、②スライドを見ることによって、生徒は被害者に対して深い「共感」を感じる、という2つの意味で効果があると述べている。

（2）　フィンランドの多くの学校で、いじめの防止策と介入策がとられてきたこと。

（3）　個人的にではあるが、「被害者支援機関」が設立され、この機関がいじめについての情報を普及したり、防止策や介入策の訓練を計画したり、いじめ被害者に対する支援をも行うようになったこと。

（4）　いじめは、法律にしたがって起訴されるという法的対策がとられたこと。

　1995年にはこの法律が適用される事件が実際に起きた。15歳の生徒2人が、長期間にわたって、同じ年齢の生徒を計画的にいじめたとする事件で、加害者は罰金を科せられた。なお、この事件では、身体的虐待を加えたことに対してよりも精神的苦痛を与えたことに対してより高額の罰金が科せられている。本論文の執筆者らの言によれば、いじめを刑事犯罪として扱うことによって、いじめは非難すべきものであるとされ、その法律はフィンランド社会の意識の変革に寄与してきているとのことである。

等々

4　イングランド・ウェールズ

　イングランドとウェールズにおいて、学校でのいじめが関心を集めるようになったのは、政府による「規律に関するエルトン報告」が発表された1989年以降のことである（この時、学期中にいじめに関与していた子どもは、およそ5人に1人の割合との報告がなされた）。

　グルベンキアンという財団が、小冊子、電話相談、演劇、文献目録といった、いじめ問題に取り組むための試みに対して数多くの支援を行っているが、中でも学校でのいじめに関する最初の大規模な調査に対する支援は特筆に値する。

　この調査は、シェフィールドにある24の学校において約7000人の生徒を対象にして実施されたもので、いじめのもつ特徴やその広がりを把握しようとするものである。この時使用されたアンケート票は、例のオルヴェウスがノルウェーで用いたもの（1993年）に基づいているという。

　本論文の報告者は、この調査の結果について「イングランドにおけるいじめの頻度は、ノルウェーよりも高いことがわかっているが、それに続いて行われた研究によって明らかにされたところによれば、他の多くのヨーロッパ諸国や日本より高いというわけではない」と記している。

　シェフィールド調査の結果が公表された結果、教育省の助成によって「シ

ェフィールドいじめ克服プロジェクト」が実施されることになった。これは、特定の介入策がどれだけ有効なのかを評価するために計画されたものであった。

　イングランド・ウェールズの優れた取り組みを纏めてみると、次の通りである。

（1）　「いじめ克服プロジェクト」では、学校がいじめに対する介入策を立てることが求められているが、介入策の中でも、いじめに関する学校全体の方針作りが中心に据えられていること。

　　　この方針作りでは、教職員・保護者・行政官・生徒を交えての広範囲で徹底的な協議の過程を経ること、内容にはいじめを防ぐために何をなすべきか、いじめに気づいたらどのような対応をすべきかについて、教職員・生徒・保護者に詳細に示した明確なガイドラインが含まれていなければならないこと、などの原理が大切であるとされている。

　　　同時に、授業の中での取り組みや校庭における介入策、個人や集団との取り組み（いじめの加害者とともに取り組むピーカスの関心共有法、いじめの被害者のための主張訓練法、ピア・サポート）といった追加の介入策も選ぶことになっていた。

（2）　「プロジェクト」の結果を受けて、教育省は、プロジェクト参加校の経験を参考にして『黙ったままで我慢しないで』というパッケージを制作し、必要な学校に無料で配布した（1万9千校）こと。

等々

5　ニュージーランド

　この国では、大規模調査によるいじめの実態把握はまだなされていないが、問題の所在については知らされている。ここでは、「キア・カハ」（学校でいじめと闘うための生徒・教師・親用の情報キット）、「かっこいい学校―ピア・サポート」（調停スキルを学んだ子どもたちが児童間の対立の解決をはかるプログラム）、「暴力追放―怒りの克服プログラム」（教師・生徒・親・コミュニティが協力して安全な学校環境を創り出していけるよう支援するプログラ

ム)などのいじめ防止プログラムが開発され、利用されている。

　しかし、私はここで、この国の優れた取り組みではなく、この論文の報告者がむしろ危惧している側面を紹介しておきたい。

　ニュージーランドでは、1980年代後半に教育管理改革が行われ、ある意味で教育の自由化がつくりだされた。従来あった学校区制が廃止され、親は地元の学校でない学校に子どもを通わせることが可能になったのである。しかし、それによって、学校の予算は生徒の在籍数で決定されることになり、生徒獲得に競争が生まれるようになった、というのである。

　そのことと関連すると思われているいじめの事例を簡単に記しておこう。——ある学校の6歳の少年が12歳のいじめっ子2人に校庭の遊び場で投げ飛ばされた。少年が痛みを訴える段階になってようやくいじめを受けていることを知った親は、安全が確保されているはずの学校で被害があったのだから、責任は学校がとるべきだと考え、教師に話しに行ったが「そんなことはするはずがない」と言われた。他にも同様の被害にあっている子どもが3人もいることを知った少年の親は、その子どもたちの親たちと連絡をとり、校長に抗議した。校長は、休み時間にいじめっ子たちを校庭に出さないと約束した。だが、事態は何も変わらなかった。それどころか、副校長はそれを「ただの荒っぽいお遊び」だと言った、とのこと。その後、彼は学校理事会に手紙を出したが、なしのつぶてであった。——

　この事例は、学校がいじめの被害者の親に耳を傾けるのではなく、むしろトラブルメーカーとして扱い、学校という組織の防衛に走ったことを示している。

　競争社会の下での大人たちの問題行動は、わが国以外でも起こっていたのである。

二　日本の過去における学校・教育委員会の誤った対応から知ること

　過去の過ちを教訓にかえて、正しい取り組み方を我々は学ばねばならない。その意味で過去の学校や教育委員会の誤った対応の代表的事例を3つほ

ど見てみることにしよう。

1 林君の事例（金賛汀著『ぼく、もう我慢できないよ』一光社、より）

　1979（昭和54）年9月9日の早朝、埼玉県上福岡市で1人の少年が12階建てマンションの屋上から飛び降り自殺をした。林賢一君である。林君は同年の6月に「学校に行ってもいじめられるのがつらい。学校へ行っても面白くない。この世に未練はない。」との書き置きを残して、同じマンションから飛び降り自殺を図ろうとしたが、決心がつかず、泣きながら家に戻ってきた。この時両親は、書き置きに3人のクラスメートの名前があったので、担任の教師に見せ「いじめられることがないように指導してほしい」と頼んだ。が、その後も林君は相変わらずいじめられることが多かったという。
　両親は、学校当局及び市教育委員会に「自殺に至る原因の真相」について調査を要望した。その後、教育委員会の『調査報告書』が両親と何人かの関係者の前で読み上げられた。その内容は、生徒たちお互い同士のいざこざなどはあったが特別に陰惨ないじめの状況はなかった、というものであった。一方、林君が自殺した次の日にクラス全員が書いた追悼文があるが、その中にクラスの誰かが男子のことを「あんた達が林君を殺したのよ」と言っているのを聞いたというような文章がある。つまり、林君の自殺は、「いじめっ子」（それも十数人）が「殺したのだ」と生徒は言い、学校当局、担任、教育委員会は「自分達には何の責任もない」と言う。
　私は、この事件のいじめに関連して学校側がとった一連の対応の中で最も不適切だったのは担任のとった行動であると思う。その行動の一つに、林君が自殺未遂をしたことをいじめっ子達に知らせないでほしいと両親が担任にお願いしてあったにもかかわらず、担任はいじめっ子達に注意をする際そのことを言ってしまっているということがある。その結果、いじめは以前より酷くなったのである。
　後はお決まりのパターンで、校長や教育委員会は、事実関係を調べようとせず、その担任を庇うような姿勢を貫いた、ということである。
　この本の著者が調べたことを読んでいくと、担任はもちろんのこと学校当

局や教育委員会のとった対応や姿勢に過ちと不誠実さを感じざるをえない。なお、この事件の場合、著者は民族差別があったという視点からも告発していることを付け加えておこう。

2　鹿川君の事例（保坂展人著『いじめの光景』集英社、より）

　1986（昭和61）年2月1日、盛岡駅のターミナルビルのトイレの中で1人の少年が首を吊って死んだ。「家の人そして友達へ。突然姿を消して申し訳ありません。（原因について）くわしい事についてはAとかBとかにきけばわかると思う。俺だって、まだ死にたくない。だけど、このままじゃ『生きジゴク』になっちゃうよ。（後略）」というメモを残して。少年は、東京中野の富士見中学2年の鹿川裕史君であった。

　鹿川君は様々ないじめを受けていた。例えば、朝はまわり道をして同級生の家にお迎えに行き、カバン持ちをしながら登校する。授業の合間にもあれこれと買い物を命じられたり、からかいの対象となった（フェルトペンで顔にヒゲを書かれ廊下で踊れと言われたり、木に登って歌えなどと責められたりしている）。こうした、パシリ（使い走り）やからかいは日常的なことで、死に追いやられる直前には、A君やB君のグループから離れようとしてリンチされたり、暴力で脅されて学校を6日間休んだりまでした。また、クラス中で鹿川君を追悼しようと執り行った「葬式ごっこ」では、「さようなら鹿川君」と書かれた色紙が回され、結果として40人が名を連ねているが、なんとその中には担任を含む4人の名が入っていたのである。

　この事件で、富士見中学の教師6人に（行政）処分が出ている。担任は、退職金なしの「諭旨免職」、校長、教頭ほか3人の教師は「減給」「戒告」処分である。

　裕史君の死から4カ月ほど後、鹿川さんは、「東京都」、「中野区」そして、裕史君の遺書にあった「A君、B君の親」を相手取って東京地方裁判所に提訴した。そして、事件から5年目の春、判決が出された。それは、要するに、「いじめ」はなく、いわゆる「葬式ごっこ」は本人もいじめとして受け止めていたとは認められず、むしろ一つのエピソードとみるべきものである、との内容で

あった。誠に奇怪な判決である。

　この事件に関連する学校側の対応には不適切なものが少なくとも2つある。①父親がいじめに気がついて学校と連絡をとったり、中心的ないじめっ子の親たちに会っていじめないように頼んだりしていたにもかかわらず、状況は何も変わらなかったこと、②裕史君の悲報を受けて学校がとった一番目の行動が「葬式ごっこ」の小道具となり、教師自身のサインがあった「色紙」を鹿川さん宅からとりもどす相談であり、実際それを返してくれと要求したこと、である。

　教育的配慮のある行動は何らとることもなく、後で組織の防衛を図ろうとするパターンである。

3　土屋さんの事例（土屋怜・土屋守著『私のいじめられ日記』青弓社、より）

　『私のいじめられ日記　先生、いいかげんにして！』は、「京都心身・学習総合カウンセリングルーム」を主宰する精神科医の土屋守氏が、娘さんの怜さんが綴ったいじめられ日記（怜さんが中学校でクラスメートからいじめられていたことを担任に訴えたところ、何も配慮ある行動をとってもらえなかったばかりか、いじめそのものがなかったようにされたため、いじめがさらにエスカレートし、深く傷ついていったことが綴られている）といじめに関連して学校側がとった対応及びそれへの批判を著した書物である。世に問題の所在を訴え、同時に同じ立場にある人達を激励したいという思いからの公刊であった。

　1993（平成5）年に出された本書への反響は大きく、出版社や著者のところに寄せられた五百通の便りをもとにして、土屋氏は続いて『500人のいじめられ日記』と『いじめないで！　私たちのいじめられ体験』を公刊している。これらに目を通してみると、いかに多くの人たちがいじめによって苦しんでいるかがわかる。親を含めた教育関係者には是非読んでいただきたい書物である。

　怜さんへのいじめで、問題になるのはまず担任の行動である。3人のいじめグループからの恒常的ないじめに気がついた怜さんが担任に訴えたところ、担任は話を聞く部屋の隣室に加害側の2人の生徒を居させて、しかも話

が聞こえるように戸を開けたままで、事情を聞くようなことをしているのである。そして、後ではそのグループの子が怜さんにしたいじめの証拠品を預かったまま返そうともしない。

　そして、そうした担任の非教育的な行動を支えていたのが、同学年担当の他の一部の教師たちの「教育は中立であるべきだ」との「判断」や「アドバイス」だったそうである。

　さらに、学校との話し合いの場で、最初は「私が聞いた以上は責任持って事態をよくしたい」と言っていた校長も、市教委を交えた話し合いまでのかなりの月日の間「何もしていなかった」ということである。
怜さんは、いじめグループの進化したいじめが続く中で、登校を拒否することになる。

　怜さんへのいじめに対する学校側のあきれるほどの無策・無能の状況のなかで、救われるのは、ずっと怜さんを支えてきた親友の存在である。そして、担任の交替、クラス替えなど怜さんをとりまく環境整備に敏速に取りかかった京都府、京都市の教育行政の先生方がいたことも記すに値するであろう。

　以上例示してきたような対応は、決して繰り返されてはならない。これでは学校は死んでしまう。

三　いじめとの関連で公教育の有り様を考える
1　子どもが置かれている社会の歪み（私の視点）

　子どもたちの重要な生活の場である学校で起こっているいじめについて考察する時、忘れてはならないポイントがある。それは、大人社会そのものが持つ歪みが学校という小社会に映し出されているということである。現代社会における学校は、程度の差こそあれ、子どもたちを選別する機能を担っている。子どもたちは意識しなくても実際、競争社会の中に投げ込まれているのである。パワーゲームに否応なく参加させられている子どもたち。そのゲームの中で、大人たちから期待されるスコアを取れない子どもは、鬱積するフラストレーションを何らかの形で晴らそうとする。その一つの現れがいじ

めである。私はそう捉えている。

　1994年12月26日から連載された朝日新聞の「いじめ社会の子どもたち」のルポの中に、いじめ行為をする子どもの心情が記されている。——「学校の授業はつまらないし、部活はレギュラーになれないので、出なくなった。先生は、出ていかないやつは相手にしてくれない。スケートボードも釣りも、ゲームセンターも、そればかりじゃつまらない。殴っている時は、すかっとした。」　象徴的な言葉だと思う。

2　学校を変える（温もりの感じられる学校づくり）

　それでは、どうすればよいのか。私は、常々、子どもたちはどの子も「自己存在感」や「自己価値感」を求めているということを主張してきた。これに「達成感」が加われば、子どもは生きていかれる。他者との競争関係の中ではなく、他者との支え合いや協同の中でこれらを得ることこそが親や教師など教育関係者の願いにならなければならない。

　どの子も「居場所」を見つけられ、他の人と協同的で創造的な活動ができる生活環境を、学校の中に創りだしていくことが、今私たち大人の世代に求められている最大の課題である。子どもが安心して生活し、日々の生活のなかに楽しみを見いだせるようになった時、子どもは他者との関わりの中に喜びを見いだし、他者への信頼を持つことができるようになる。

　社会が必要としている規範感覚は、このような子どもたちの生活世界があってこそ育てられるのであり、大人からの押し付けでは決して身に付けられるものではないと、私は思っている。

　いじめを無くすにはこの道しかないのである。

3　人権教育と条件整備の必要性

　しかしながら、今日多くの学校で起きているいじめを可能な限り近い未来に減少させていくにはどんな努力をしたらよいのか。この問題を解く鍵の多くを、我々は既に外国の優れた取り組みの中に見てきた。

　まず、何よりも先に取り組まなければならないのは、いじめの把握である。いじめはどの学校にも起こりうるし、実際多くの学校で起きている。文科省

に報告されているのはその一部であると思った方がよい。そして、いじめを把握するには、教育的配慮のなされた子どもを対象とするアンケート調査（例えば、日本にも紹介されているオルヴェウスが開発したものなど）を定期的に行うのがよいであろう（これには、当然発見後のアフターケアが伴うが）。この試みには、森田洋司氏らが編集した『日本のいじめ』（金子書房、1999年）がきっと役立つはずである。

　つぎに行わなければならないのは、外国の事例で幾つも出てきたように、いじめへの介入・防止プログラムを専門家たちと一緒になって作り出したり、利用したりすることである。これには親や地域住民の協力を要するものがあるが、その学校にあったやり方を職場全体で検討した上、学校ぐるみで実施するのがよいであろう。子どもが参加するオンブズマン・システムを工夫するのも有効かもしれない。

　さらに、人権教育は欠かすことはできない。これはまた、具体的な人間関係や事実を通して教えることが必要である。先に紹介した精神科医の土屋守氏は、『500人のいじめられ日記』の中で、「学校でのいじめ問題の対応の根幹は、まず、教育する側、教師の側が、人権が侵害されていることに対して震えるほどの怒りを感じているかどうかということである。」と述べ、そういう気概を持って人権教育にあたれる教師を養成することが重要であるとの提言をしている。外国の事例の中に、教員養成大学でいじめ問題についての科目を必須にするという取り組みがあったが、人権教育はそれに優るとも劣らぬカリキュラムであると、私は思う。

　最後に、行政の課題を述べておこう。教師の目が行き届けば、それだけいじめは少なくなる。しかしながら、1クラス40人の子どもたち1人ひとりの心を知ることは至難の業であり、加えて教師は多忙である。教師がゆとりを持って子どもたちの指導ができるような学級編成や学校運営が目指されなければならない。学級編成の基準についての国の対応は極めて鈍いと言わざるをえない。本気でいじめを無くしたいと考えるなら、こうした条件整備を図ることがまず大切で、それは国の責務である、と言っておきたい。

第4章　いじめについて

【『民研論稿　№18』、山形県国民教育研究所、2003年、所収】

　以上が『民研論稿』上の私の拙文ですが、その内容に関して説明の不十分な箇所をここで補っておきたいと思います。そこで、まず指摘しておかなければならないことは、外国でのいじめに対する取り組みを紹介してきましたが、それらはすべて前掲の『世界のいじめ』という書物に書かれていることで、私はそれぞれの国の取り組み状況のうち、私が大切だと思ったことを要約しただけだということです。ですから、もし原文の内容とは異なる記述をしているとすれば、その責任は偏に私にあるということです。

　つぎに挙げておかなければならないのは、「自己存在感」と「自己価値感」という用語についてです。この言葉は、もちろん私のオリジナルではありません。もう大分前の話ですが　深谷和子先生(現東京成徳大学教授)が山形大学の付属中学校に講演に来て下さった時のお話の中に出てきた言葉です。先生は、「自己存在感」を「自分は確かにある集団の中に存在しているのだという実感(他者から受容され認められているという感じも含む)」、また「自己価値感」を「自分はそこそこに生きている価値があるのだという自己意識」を意味する言葉として使っていたように私は記憶しています。子どもが生き、成長していく上でなくてはならない感覚・意識であると思い、以来それらの用語を私の論を展開する場合にも使わせてもらっています。

2.「いじめ」問題に関連してコメントしておきたいこと

　「いじめ」問題は、今日まで多くの研究者が様々な角度から分析をしていますが、上述してきた私の捉え方と重なる研究を1つここで紹介しておきたいと思います。それは、秦正春氏の「いじめの構造と学校教育病理」という論文でなされている問題指摘の1つです。[1]そこには、福岡県内のいくつかの小学校(7校8クラス、5・6年

---

(1)『犯罪社会学研究　第11号』(1986年)所収。筆者の秦先生は現在大阪大学の教授ですが、この論文の執筆当時は福岡教育大学に勤めていました。

生)を対象に実施した調査の結果が示されていますが、その中に教師の悪口を友人によく言うという児童ほどクラスの子をよくいじめるということを示すクロス表と、教師の悪口を友人によく言うという児童ほど教師はえこひいきをしていると思っていることを示すクロス表とがあります。これらのデータは、今日の学校において学校から受け入れられ認められていないと思う子どもたちの心情を大変象徴的に映し出しているのではないかと私も思うのです（この調査から大分年月が経っているのに、"今日の"という言葉を入れているのは、今でもそうした状況は基本的に変わっていないのだという私の認識にもとづいています）。

先に紹介した朝日新聞の「いじめ社会の子どもたち」のルポに出てきた子どもの言葉も同じことを物語っていると私は思います。

問題の本質についての私の考えをここで述べておきましょう。それは、既に第1章の問題の所在のところで述べてきたことと同趣旨のこととなりますが、学校で評価される子どもは凡そ3種類だということです。まず、はじめがクラスづくりや学校づくりに役立つ（寄与する）子どもたち。この子たちは、先生と一緒になって正当な学校文化を創り出す子どもたちなのですから、先生方から当然評価されます。クラス委員、児童会・生徒会委員（計画委員や代表委員）など、学校には様々な係活動や委員会活動があります。こうした活動に進んで参加する子どもたちがこの第一のグループの子たちです。

つぎのグループは、いわゆる勉強のできる子どもです。勉強ができ、成績のよい子が学校から嫌われるわけがありません。しかし、多少成績が良くても、学校や教師に反抗的な子ども（やその親）は、やはり認められません。少なくとも協調的でなくてはならないのです。そして、このグループの子どもたちは第一のグループの子たちと重なることが多いのです。子どもたちも仲間の評価を学力評価ですることがよくあるからです。

そのつぎのグループが、スポーツで頑張っている子どもたちです。この子たちがなぜ評価されるのかと言いますと、その子たちの活躍が学校の名誉を高めるからです。例えば、スポーツ少年団は、もともと学校の運営責任で行われているわけではありません。学校の先生が地域の子どもたちのスポーツ指導をボランタリーにし

たり、スポーツ少年団加入の事務を学校が肩代わりしたりして関わるということはありますが、本来スポ少と学校とは別組織です。にもかかわらず、校長がスポ少の戦果を讃えるのは、自分の学区の子どもたちが頑張って学校の名誉を高めてくれたと意識しているからなのです。

　昭和50年代以降に主として教育政策の流れの中で生まれてきたもう一つのグループの出現にも触れておきましょう。それは、学社連携のかけ声の下で進められてきた青少年のボランティア・グループづくりと関連します。高校生や中学生のボランティア活動、さらに政策として学校ぐるみで参加することが要請されるようになった奉仕活動。こうして新たに上から下ろされてきた"いい子ちゃん"づくりの運動に進んで参加する子もこれからは大いに学校から評価されることになるでしょう。

　しかしながら、先の3つのグループに入れる子どもは同年齢の子どもたちのどのくらいの割合になるのでしょうか。私は多くても3分の1くらいにしかならないのではと思っています。また、ボランティア活動や奉仕活動に参加する子どもたちの行為や気持ちはとてもすばらしいのですが、その子たちにとって学校そのものが居心地のよいところに変わらない限り子どもたちが解放されて学校生活を楽しむというところまではいかないでしょう。

　このように考えてきますと、どの子も学校で受け入れられみんなから認められているのだと思えるような生活の場に学校は変わっていかなければなりません（このことは、『民研論稿』で既に筆者が指摘してきたことです）。

　この章の締め括りとして、上述の秦氏の問題指摘と関連する我が家の体験をお話しておきましょう。氏の指摘はこのようにも読めます。——いじめ行為をよくする子どもは、教師の悪口をよく言う。子どもは、教師はお気に入りの或いは勉強のできる子をひいきして可愛がるが、自分のことは世話もしないし認めてもくれないと思っている。そうした教師に対する不信感や不満が他の子どもへのいじめを誘発している、と。この図式をちょっとアレンジして、学校での授業の内容がよくわからない子がクラスの他の子を腕力で子分にし、自分の指示通りにしなかった相手にいじめにあたる行為をしたというのが、これからするお話の筋です。

1987年のことでした。その頃、小学校4年生だった次男がいじめを受けたのです。どうも最近不機嫌な状態が多くなったなとは感じていました（親やきょうだいへの対応にその不機嫌さが現れたり、癇癪となって出たりするという徴候です）が、妻から「いじめられているみたいだ」と聞いて、「ああ、そのためだったのだな」と後で了解したしだいです。子どもから話を聞いて、そのいじめの構図がようやく見えてきました。力の強い1人の同級生が前の年の9月頃からクラスの男子を支配下に治め、表面上の遊び友達に、誕生会を開け、指定されたビデオをとっておけ等と様々な要求を出し、その意に叶わぬ時はビンタで脅し続けてきたというものです。うちの子どもは、隣席になってからテストの答案を見せさせられ、宿題も全部やらさせられていたとのことです。今なら別の対応をとれますが、その頃の私はいじめの被害者である子どもの心情を理解もせず、「なんと情けない。そんな理不尽のことをされながら、いやとも言えないで」というような気持ちを抱きながら、「怖くても、勇気を出して立ち向かわなければならない」というような酷いことを息子に言っていました。その後、担任に連絡をとり、いじめへの対応を求めましたが、担任はいじめについて何も把握していませんでした。ですが、いじめをしていた子どもの保護者への連絡をしたり教室でいじめについて子どもたちと話し合いをしたりするなど、素早い行動をとってくれたお陰でこのいじめ問題は、急速に解決の方向へ向かったのでした。その子どもの父親も担任から連絡を受けるとすぐに我が家まで子どもを連れて謝りにきました。こうして一件が落着したのです。
　このいじめのケースは、1人の男の子がクラスの他の男子を従わせようとしたもので、数人のいじめグループが弱い者を見つけて執拗にいじめ行為を繰り返すという「いじめ」問題の典型とは少々異なりますが、本質はあまり変わらないのではないかと私は思っています。
　この子がなぜこのような行動をとったかについてここで私なりの推測をしてみたいと思います。この子のことや家庭のことを私はよく知っているわけではありませんが、全く知らないわけでもありません。なぜなら、このことが起こる2年前のことですが、私は通学区の中で一番戸数が多い地区の子ども（会）育成会の会長をしていましたので、会の様々な行事で子どもたちと顔を合わせる機会がよくありまし

第4章　いじめについて

た。自分のうちの子どもと同じ地区で同学年となれば、なおさら行動を共にする機会が増えますので顔を覚えます。加えて、その子のお父さんもその育成会のメンバーでしたので、その子のことに関する情報もある程度入ってきます。そういう間柄でしたので、その子が問題のあった年、我が家に2度ばかり来て息子の部屋の入り口のところで会った時は、「やあ、○○君。お久しぶり！　遊びに来たの？」と声をかけたものでした。彼は「はい」と答えただけで、後は黙っていました。何か様子が変だなと感じつつも（一緒に遊んでいるという様子ではなく、うちの息子は一生懸命机に向かって何やら行っていますので）、きっと遊びに来たのだろうとその時は思っていたのです。前述のようにその時息子は彼の宿題を済ませていたのです。彼は宿題が書き写されるまで入り口のところで待っていたというわけです。もちろん、これは私が後になって了解したことがらです。

　このいじめ問題が一応の解決をみた後の話ですが、私は次男の授業参観で学校に行きました。その時見た光景は私に深い印象を残しました。それは、上述の男の子が算数の時間に先生に当てられて（山形では“かけられて”といいます）黒板の前で数桁どうしの掛け算の問題の1つを解くように求められて立っています。他の問題は次々と他の子が解いていきます。時間だけが過ぎ、結局彼は解答できず、教師の指示で席に戻されました。その時間はずーっと教室で授業の進行状況を私は見ていましたが、少なくともその時間内にその子に対する教育的働きかけ（計算の仕方を個人的に教えるだとか、或いは全体の子どもに改めて計算の仕方を説明するとかいった働きかけ）は行われませんでした。そうした働きかけは外の時間に行われているのかもしれません。しかし、その授業では、その子の親も含めた多くの参観者が見ている時、彼はかなりの時間晒されていたわけで、どんな思いでその時間を過ごしたのかを想像することはそれほど難しくはありません。この小学校区は当時スポ少のあるスポーツが大変強く、ティームは県大会では無論のこと東北ブロックの大会でも好成績をあげ全国大会に出かけていくことが度々ありました。そんなスポ少のティームのその学年のリーダーである彼は身体は鍛えているわけですから腕っ節は強いのです。放課後遅くまで練習に励むのですが、その間見たいテレビは見られないのです。でもクラスの誰かが自分が見たい番組をビデオにとってお

いてくれたら、こんな都合のいい話はありません。ついでに宿題なんかも誰かがやっておいてくれたらなおいいや。テストだって見させりゃいいさ。なんたって俺はクラスで一番強いのだから。授業の内容が多少わからなくても、先生からあまり相手にされなくても、自分の必要なものはクラスの他の子に命じておけばなんとか調達できる。それが、彼が考えついた精一杯のフラストレーション解消法だったのではないでしょうか。他の子への強要は上に述べたようなことだけでなく、お金の要求にも及びました。実際、彼は、クラスの多くの子に500円貸してくれと言ってお金を巻き上げていたのです（これについては、後日談ですが、個々にいじめられていたクラスの子が一緒になって今度は逆に「貸していた金を早く返せ」と迫ったということを伝え聞いております）。

　私がここで言いたいことは、いじめる側の子どもには家庭或いは学校生活の中に満たされていない何ものかがあるということです。そして、その何ものかが何であるのかを早い段階で見つけ出し、それを取り除いてあげるのが大人の責務であるし、いじめをなくす早道なのだということです。

第 5 章

どんな教師が"意味ある他者"になれるのか

この章では、どのような教師が生徒にとっての"意味ある他者"になれるのかを実例を通して知っていただきたいと思います。そこで、ここでは、こんな教師（集団）は"意味ある他者"になりえないという事例とこのような教師だからこそ"意味ある他者"になれるのだという事例を紹介することにいたします。

1.　ある校内暴力事件の事例

　教育荒廃という言葉が生まれるもととなった全国を吹き抜けた校内暴力。その当時のある事例をこれから紹介したいと思います。それは、月刊生徒指導編集部編『校内暴力』（昭和56年刊）に収められている「教師に暴力をふるった生徒の声」というインタビュー形式の記録です。ここには、教師に対して暴力行使をした生徒たちの言い分が示されています。まずは以下に省略形ではありますが、その声をお聞き下さい。なお、ここには、質問者QとA、B、C3人の生徒が登場します。

Q　先生殴ったのは理由があるわけ？
A　1年のあるクラスの授業で、3年の悪い奴を少年院に入れるって先生がいったのを、1年生が僕のところにいってきたから、そんなふうにいわれたら困るから、その先生にいいにいってやったの。
Q　その教師のところへは一緒にいったの？
A　ぼくと友だちが一緒に行って、1年生からこうこうこういう話を聞いたんだけどほんとうですかって。最初は、嘘だったら困るから聞いたら、「いやそんなことはない」っていわれてな。それからだんだん問いつめたら、考え込んじゃって「それらしきことをいったとは思う」とあやふやなこといいだしたから、先生はそんならさっきどうして嘘つくんだ、ほんとうにそれらしきことをいったのかっていったら、こんどは「はっきりいった」とか。最後まで隠してたのな。
B　先生は、少年院に入れるっていった生徒の名前はいわなかったけどな、やっぱし3年生でからだ大きいとかいえば、1人しかいないから。
Q　それでどうしたの。

A　最初はあやまらせたの。あやまれっていったら、バカみたいに1人で土下座したの。
Q　どこで。
A　職員室のみんなの前で。そんなことしたら先生のプライドってものがないでしょ。ただあやまれっていったら。
Q　土下座したのか先生は。
A　したの、信頼ってものがなくなるよ。
Q　君は、先生がそういうことはいうべきことじゃないと思うわけ？
A　いちおう教師って名前がかかっているんだから、その学校にいる生徒を鑑別所に入れるなんて、心で思ってても言葉に出さないほうがいいと思う。
C　もし、はいるってわかっててもいうべきことじゃないよ。
Q　土下座した後で殴ったわけ？
B　その土下座した話はずっと前のこと。今日、その先生が、1年生の生徒がちょっとふざけたくらいなのに、何回も殴って目の下切っちゃったの。
A　それにたまたま見にいったわけ。それで何でするんだっていったら、「ちょっとふざけてたんでやった」とかいうんだ。そんなふざけたくらいで、口でいえば人間なんだからわかるし、教師なんだから殴る前にやる方法があるだろうっていったんです。
C　俺たちがそういうふうにいったら、「口で注意してもいつも聞かないから殴った」とかいうんだ。それなら職員室に連れてって親に電話したらいいんだよ。それを何発も殴って。
B　それを他の先生が見てて、ただ「やめろ、やめろ」っていってるだけで、とめようとしないわけよね。先生は、自分がかわいいっていうか、逃げてるっていうふうになってさ。
A　1年生には殴っといて、どうして上級生の3年生にはそういう態度をとらないのかっていうのがやっぱ……。自分が殴られてんのに、自分が悔しいと思ったら殴るべきでしょ、やっぱり。それなのに1年生はちょっとふざけたくらいで殴って、自分が生徒に殴られても殴り返さないなんて、そんな話あるかってのなあ。

生徒をこういう理由で殴ったって理由があるにしろ、生徒に対して差別ってのがあるわけよ。
B　別に俺たちは、自分たちが悪いとき殴られたんなら、やっぱし悪いことしたんだからしかたないと思って。
Q　かなりすさまじくやっちゃったのか？
A　2発くらいだな。
Q　そのとき、向こうはどうした？
A　先生は、いたいなんていって、ただずっと見てた。それで、先生はなぜそういうことをするんだっていったら、「僕が何をしたというんだ」って何回も繰り返してる。
B　話が矛盾しちゃってんのな。他の先生もだらしないのな。
A　他の先生がとめにきて「やめろ、やめろ」っていってるの。僕たちみんなが集まってきたわけ。そしたら、その先生は「向こうに行くよ」とかいって、他の先生たちと言い合いになったわけ。そのとき、何いったんだっていったら、他の先生も帰っちゃったわけ。1人の先生だけとり残されてギャアギャアいわれて。生徒に囲まれて青い顔になっちゃってしょぼっとしちゃって。
Q　殴ったあとの自分の気持ちは？
C　いいもんじゃないよ。
A　そのときはいいと思ってやったことなんだよな。
B　でもあとから思えばな。
　　（略）
Q　どういう先生だと腹を立てて殴りたいと思うの。
B　ものごとを一方的に決めたり。
C　生徒を口ですぐ丸めちゃう。
A　自分が何もやってないのに疑われて、呼ばれて、怒られて。やってませんっていっても、「ああそうか」ってそれだけなんだ。僕たちがやったっていう噂が流れたのを取り消してほしいし、そのためにも真犯人をとっつかまえてくれて僕たちの容疑を晴らしてほしいよね。その疑うだけの決め手があったのなら、それくらい

のことしてほしいと思う。それをあやふやにしちゃう。
Q　捜したりしないわけ？
A　しない。「生徒が協力しないのが悪いんだ」っていって。僕たちはほんとうに知らないんだから、先生たちもそれだけの努力をしてくれっていっても。
B　あと、お金だって何万円もとられてるのに、それもただ名前だけ調べておいて犯人を捜そうとしない。
C　校舎を汚しても、先生がそれをみじめに掃除するだけで何もやらない。
Q　汚した人にやらせないのか。
B　それがわかってれば、やらせるかもしれないけど。
A　でもわかっていても、そいつが逃げちゃえば、あにげちゃったって自分でやる。最後までとっつかまえに行こうとしない。それだけの元気がない。
　　（略）
Q　教室でいろいろ騒ぐって聞いたけど、どんなことで騒ぐの。
B　他のクラスの人が教室の中にものを投げたり、花火やったり。
C　先生の前でどうどうとマンガ読んでても、先生はちらっと見て、注意するだけで、取り上げようとしても、その生徒が逃げちゃって、結局はあきらめちゃうって感じ。それであと、その人が持ってるとき取り上げないで、机の中に入れとくと、勝手に持ってっちゃうんだよな。面と向かって、借せって（ママ）いって取るんならわかるけど、人のいない間に取り上げて職員室にあるなんて、そんな馬鹿げた話ないよな。
B　泥棒と同じだよ。
Q　親が君たちにある種の期待をしているわけじゃない、たとえば勉強してくれって。そのへんは期待が大きすぎるのかな。
A　僕は勉強はふつうまじめに授業受けて、予習やったりするくらい。うちのお母さんは、きつく勉強しろとはいわないで常識的なこといってるから、その点は、大きいとは思わない。
B　親が不満もってるっていわれると自分も納得しちゃう。
C　できる子っていうのは、親は高いところを望むだろうけど、僕たちみたいにあ

んまりできないっていったらみじめだけど、親もだんだんわかってきてるから、普通なみにやればいいんじゃない。
A　普通なみにやれっていうんじゃない。とっ拍子もなく頭がよくなくてもいいし、あんまり馬鹿でもこまるからね。ふつうに勉強して対等の立場に立てるように、勉強わかるように、普通になってくれって。
Q　あの、進路っていうか、高校どこいくかとか先のことは……。
B　そういうこと考えるとあせっちゃうよ。今の状態じゃ高校は無理だ。
A　生活態度が悪けりゃどこもとってくれないし。いまみたいな生活態度をやめようと思っても、先生に不満がある限り……。先生が態度を改めてくれなきゃ。
　（略）
Q　学校の授業、勉強はおもしろくないの？
A　この前、数学のときなんかよくわかって、あ、おもしろいなって思うときあるんだけど。ある先生はね、僕たち後ろのほうで授業受けてるでしょ。あれ、わかんないな、もう一回いってくれないかなっていうと、「あんた何よ、聞いてないで」ってどなられて。何いってんだよ先生、俺は聞いてるつもりだけどわかんないんだっていったら、「聞いてないくせに。しようがないからもう一度いってあげる」って。例題とか俺が試しをやってるうちにパッパッ進めちゃって。
B　授業の進め方が速すぎるんだ。
A　頭のいい奴に合わせてね。頭のいい奴が納得すればどんどん先に進んじゃう。それでわかんないっていうと、「聞いてないのがいけない」っていわれる。頭にくるんだよな。
B　授業のやり方もへたくそっていうか。
C　ある先生は、「読めばわかる」っていって、ぜんぜんやらなかった。
A　できる奴中心に授業進める。だから補習授業やってくれっていったけど、やってくれない。
　（略）
Q　バリケード築いたって話聞いたけど、それはどんなふうにやったの？
B　やっぱしそれも先生が「あんたがやったんでしょう」って一方的に決めて、他

第5章 どんな教師が"意味ある他者"になれるか

の生徒もやってないって認めてくれたのに、先生は聞いてくれないから。いままでのこともあって、それでやろうってことになって……。
Q やってる、やってないっていうのは何のこと？
B 給食の食器を、他のクラスから来たやつが外に投げたの。僕はその場にいなくて他のところで遊んでたの。それは他の生徒も知ってるのに、先生は誰がやったか見てるはずだからって、ワラ半紙に名前を書かせたの。そしたら僕の名前もあったらしくって、他の生徒も、こいつはいなかったのに何で先生そんなこというんだっていったのに、先生は信用しないで、「やっぱりあんたやったでしょ」って僕のせいにしたの。
Q で、その先生の時間にバリケード作っちゃったの？
A 次の日の学活のとき、そういう問題になってどういうことかって話し合ったんだ。ところが、それがあやふやになっちゃって先生帰っちゃったよ。でも頭にきたある生徒が、みんなでやろうかってことになって、ロッカーを重ねて中に水を入れて、ちり紙を便所からぜんぶとってきて50個くらい並べて、先生が来たらパッと投げて、ワックス下にたらしてすべるようにしといて、先生に仕返しという形で。そういう形でしか俺たちできないな。そういう卑怯なまねっていえば卑怯なんだけど、先生と話し合おうと思って、先生に、こうこうこういうわけで先生もこういう点を改めてくれないかっていったらな、「わかったわかった」って、その場限りで後は何もしてくれない。
B ぜんぜん相手にしてくれないんだよな。
A 何10回（ママ）って話してきたけど、何も応えてくれないから。
B 1人のおばあさんの先生がとめにはいったんだけど、他の先生はあとからゆっくり来てね。そのおばあさん先生はびちょぬれになってもちゃんととめてくれたけど。その点はいい先生だと思ったけど。あとからきくと、先生たちは職員室でのんきにお茶かなんかのんでたってなあ。
A で、頭に来て消火栓開けて水びたしにしたり、消火器を振り回したり。
Q 外からやったの？
A 置いてあるでしょ、消火器がところどころに。それを、授業中誰もいないから、

パッと栓を開けてすっと逃げちゃう。でまた上へ行って、消火栓を開けて。それで今度、非常ベル押したり。もうたいへんだよな。

Q　とめないのか。

B　とめられないんだよ。誰がやってるかわからないから。先生としてもそれを片付けるだけで誰が犯人かわからない。

Q　バリケードっていうのは、クラスからどのくらい参加したの。

A　3年の代表っちゃあれだけど、クラスのみんなからの恨みを「よし買った」って、その子が代表として来るようなもんで。全員が来たら大混乱でしょう。新聞社とか来たらたいへんだから、1人が代表になって悪者になって出るわけ。だからその子がつかまって、やったってことがばれても責める人は誰もいないわけ。

Q　ということはクラス全員……。

B　協力しあうってことになるわけ。

A　要するに、悪いことだとは誰も思わないわけ。先生、ざまあみろって思うわけ。みんな先生への不満が耐え切れない。

　　（略）

B　先生にたくさん不満があるもんな。誰か1人がいじめられたりしてても、先生は見てるだけで「やめろ、やめろ」っていうだけで行っちゃったりな。だいち、からだ押さえてとめようとすれば、こっちだって、とめようとしてとめられなかったって目で見るけどさ。いじめられても「やめなさい、やめなさい」って横からいうだけじゃない。

A　あと、他のある生徒がはいっちゃいけないところにはいろうとしてたんです。ある先生が階段から降りてきて、見て見ぬふりして降りてっちゃうんです。そのときにいえば、はいる前だから未遂ですむでしょう。それで職員室に行って「何年何組の子がはいってますよ」っていいつけて、他の先生が飛んできて「やめなさい」っていう。それじゃ教師はつとまらないでしょう。やっぱり見たら、学年がいくら違ってても、やめさせようとさせ（ママ）なきゃあ。自分の学級の子どもじゃないから関係ないって目で見てな。

　移動教室のとき、僕たちは制服で行って2年生は私服で行くっていうのは、やっ

ぱな。俺たち先輩が制服で行ったんなら、それを受けてもって2年生も制服で行ってほしい。
B　2年生と3年生で差別がある。何にしたって、学校はいまの俺たちの時代で変えちゃうの。
A　学校は、今までやってきたことは一から出直しって感じでな、新しいことをやっちゃう。
B　でも次の年になるとずっと前と同じことやっちゃう。俺たちのときだけ1回変わるってこと差別だよな。

Q　友だちも殴るの？
C　めったにないよ。
B　殴るっても限度があるよ。
Q　限度というのは？
B　やっぱり変なことされたり、いわれたりすれば、めたくそにやったってどうにも思わない、相手が悪いときなら。
Q　今までそういうことあった？　にくたらしい奴とか。
B　あったけどずっとこらえてきた。
Q　生徒会長さんとかなんとか。
A　卒業式に出してくんないってことだよな。「まじめな」生徒会が考えて……俺たちが悪いことになって、結局は警察が呼ばれたりして。
B　まじめな奴ってのは、先生からいい点をもらおうと思ってやってんだろう。
Q　それが気にくわない？　ほんとうに生徒たちのためのことやってなかったわけ？
B　生徒会、生徒会っていうけど、ぜんぜん仕事なんかやってない。
Q　それで集団で殴っちゃったのか。
B　うん。
Q　何人くらい？
A　20人くらいいたけどね、殴ったのは3人くらい。
B　その生徒会の奴もね、自分のやったこと認めないで途中で逃げようとしたり、

そんなことやってるから。
Q それはもう殴らなければどうしようもなかったの？
B うん。
A 何べんいってもきかなかったんだよな。
B やっぱり、こっちがそんなことやらなかったら、向こうだってきかなかったからな。生徒会のやってるのは生徒のためじゃなくて先生のためなんだよな。
Q みんなを代表して殴ったわけ？
C ま、そんな感じだな。

　以上、インタビュアーの質問に対する生徒たちの回答を区切りをつけながら（（略）を入れたり、1行あけたりして）紹介してきましたが、ここからはその区切り毎に私のコメントを加えていくことにしましょう。
　まず、初めの質問は生徒たちがなぜ先生を殴ったのかというものです。生徒たちの言い分はそれほど複雑ではありません。誰であるか特定できるような言い方で3年の悪い奴を少年院に入れるというような話を1年生のあるクラスでした先生に、そのことを確かめに行ったところ、はじめはあいまいな返事をしていたその教師が問い詰められて土下座して謝ったというのがこの件の始まりのようです。そして、その同じ教師が大分後になってふざけていた1年生を何回も殴って怪我をさせたというわけです。しかも、それが職員室での出来事で、他の教師はただ「やめろ、やめろ」と言うだけで、あとは何もする様子はなかったようです。そこでそんな教師のやり方に腹をたてて、インタビューされている生徒たちがその教師を殴ったという話です。
　この学校の風景は少し異様です。第一このなぐられた先生は3年のこの子たちを大変恐れているように見えます。この子たちには大変卑屈な対応しかできないのに、1年生には暴力的に関わっています。それだけでなく、問題視している3年生たちには面と向かってものを言わず、1年生に3年生の悪口を言うというのも大人げないですね。第二に、他の先生方もおかしいです。職員室で同僚が生徒を殴っているのを見ていながら、ただ「やめろ、やめろ」はないものです。この学校の教師たち

第5章 どんな教師が"意味ある他者"になれるか

は、学校教育法で体罰が禁止されていることを知らないのでしょうか。省略しましたが、インタビューの他の部分に「校長も殴るよ」という生徒の声があったことを考えますと、ここでは学校全体で暴力に対する感覚が麻痺していたのかもしれません。

　つぎの質問は、どういう先生だと腹を立てて殴りたいと思うのかという、かなりストレートな聞き方です。ものごとを一方的に決めたり、生徒を口ですぐ丸めちゃったり、勝手に犯人と決め込み叱っておいて、違うので容疑を晴らすべく努力してほしいと頼んでもそうしたことはしてくれない、というのが生徒たちの回答です。

　恐らく、この生徒たちは教師たちの間では相当の（手に負えない）ワルであるとのレッテルを貼られているのでしょう。そのような状況ですから、いたずらや盗みなど何かあったらすぐに彼らは疑われてしまうのです。教師が特定の生徒たちを色眼鏡をかけて見ているのですから、そう見られている生徒たちが教師を信頼することはないのです。相互の信頼がないところに教育は成立しません。

　つぎの質問は、どのような理由があって、また、どのように教室で騒ぐのかということと親の期待をどう感じているのかというものです。授業中マンガを読んでいる生徒に対して注意はするのだが、取り上げきれずにいる教師が生徒のいない時に机の中から勝手に没収していってしまうことに対して起こす生徒側の抗議行動のようです（よく表現すればの話ですが）。親の期待は普通に勉強して対等の立場にたてるようにというものだから、特にそれがプレッシャーになるわけではないが、進路のことを考えるとあせりを感じると生徒たちは言うわけです。

　この件の最後のBの「いまの状態じゃ高校は無理だ」という言葉や、Aの「いまみたいな生活態度をやめようと思っても、先生に不満がある限り……。先生が態度を改めてくれなきゃ。」という発言は、彼らの不安や心情をよく表していると私は思います。彼らも本当は先生や学校から認められたいと思っているのだと思います。いつも教師たちといざこざを起こすようなことは自分たちとしても避けたい、でも教師の方から無視されたり、ワル扱いされたりしていたら対抗姿勢をくずすわけにはいかないと言っているように私には聞こえます。

　そして、つぎの質問は授業や勉強についてです。よく言われることですが、授業

や勉強はわかればおもしろいのです。Aもそう思った時があり、理解しようと思い説明を求めたら「聞いてないで」と叱られる。そして十分に教えられることもなく、さっさっと進められてしまう。少なくとも彼らはそう思っているのです。そうした思いが、Bの「授業のやりかたもへたくそ」やCの「読めばわかるっていって、ぜんぜんやらなかった」、Aの「できる奴中心に授業進める。だから補習授業やってくれっていったけど、やってくれない」といった不満の表明となって現れてきているのです。

　勉強がわかるようになりたい。授業にもちゃんとついていきたい。高校にも進みたい。ごく普通の欲求をもった子どもたちだと私には思えます（当事者じゃないからそんなことが言えるのだという声が聞こえてきそうですが）。この生徒たちは自分を成長させたいという学習要求を十分に持っているのです。彼らのこの気持ちは大切です。何しろ学校というところは授業時間が一番多く長いのですから。そのように考えますと、この生徒たちの本音をきちんと受け止め、この子たちをも勉強に誘い込むような教師側の工夫や努力があったら、この学校にも別の展開があったのかもしれないと思います。

　そのつぎは、バリケードを築いた時のことです。これは、前に出てきたのと同じパターンの話のようです。即ち、給食の食器を他のクラスから来た生徒が外に投げたのに、ある先生がそれはBがやったに違いないと勝手に決めつけて責めてきた、そこで、Bはその場にいなかったと言い、他の生徒もそう証言しているのに、その先生は少しも信用しなかったというものです。そして、誰か見ている人がいるはずだからと生徒たちに名前を書かせ、その中にBの名前を見つけ、それで「やっぱりあんたやったでしょ」と再びBに迫ったということです。さらに翌日、そのことについて学活で話し合いが持たれましたが、あやふやになったままで先生は帰ってしまったのです。自分が犯人と思われたままでいる（先生が、犯人だと決めつけておいて、その誤りを訂正しようとしない）ことは我慢できないことだし、また今までのこともあり、Bたち生徒はバリケードを築き、消火栓を開けて辺りを水浸しにする等の示威行動をとったというわけです。

　この生徒たちがなぜこのような行動を起こしたかは明白です。"先生と話し合お

第5章　どんな教師が"意味ある他者"になれるか

うと思って、先生に、こうこうこういうわけで先生もこういう点を改めてくれないかっていったら、「わかったわかった」とは言うが、その場限りで後は何もしてくれない"という生徒の言葉がほとんど全てを語っているようです。自分たちの立場や身の潔白さを弁明しようとする子どもたち、しかしそうした訴えに少しも取り合おうとしない教師たち。不幸な構図です。だから、生徒たちはこうした形で"仕返し"をしているのです。

　つぎの件も教師に対する不満についてです。いじめの現場を見ていても「やめなさい、やめなさい」って言うだけ。入ってはいけない場所に生徒が入ろうとしているのを見ていながら注意もせず、職員室に報告する。移動教室の時、3年生には制服で行かせているのに、2年生は私服でもよいことになっている。

　毅然とした態度でいじめをやめさせる、ルール違反を犯しそうな生徒が目の前にいる時はその場で注意する、また学年によって指導の仕方を変えたりはしない（変えるということは生徒の側から見れば明らかな差別です）、などといったことは教育者としては当たり前の行動です。上のような教育的配慮に欠ける行為を生徒の方から指摘されているところに、この学校には問題があるようです。

　最後が、友だちも殴るのかという質問です。それには「めったにない」と生徒たちは答えています。しかし、この生徒たちは生徒会の子たちを殴ったのでした。生徒会の生徒たちに変なことをされたり、言われたりしたからだと彼らは言うのです。卒業式に彼らがでられないようにしたというのが彼らの言い分です。どんなところに彼らが腹を立てたのかは、Bの"その生徒会の奴もね、自分のやったこと認めないで途中で逃げようとしたりするから"というような言葉の中に、その理由を読み取ることができます。

　教師に暴力をふるうようなワルたちを卒業式には出させられないという教師たちの思いが一方にあります。卒業式は生徒たちが参加する学校の大変神聖な儀式です。その儀式の進行には生徒会の協力が欠かせません。当然のことながら生徒会の生徒たちは、教師たちの意向を汲みながらその儀式に参加しようとします。教師集団にしてみれば、生徒会の生徒たちが自主的に行動上問題のある仲間の生徒を神聖なる儀式に出させないような決定をしてくれれば、大変都合がよいわけです。

しかし、卒業式に出たい、いや出るのが当然だと思っている当該の生徒たちにとっては、そうした画策は許し難い行為に当たるのです。そこで、そのようなことのないように生徒会に言いに行ったところ、生徒会の生徒たちが、教師たちが今まで彼たちにしてきたのと同じような行動をとったので、ついに彼らはやってしまったということです。ですから、この場合、生徒会の生徒たちは、いわば、とんだ"とばっちり"を受けたと言うこともできるでしょう。本来なら、教師集団が、教育的配慮を持って、きちんと彼らに関わっていなければならなかったのだと私は考えます。

以上のように、資料に沿って区切り毎にコメントをしてきましたが、この節の終わりを"意味ある他者"との関連で締めておきましょう。
ここでお断りしておいた方がよいと思う点から始めることにします。それは、上述のインタビュー形式の記録は、はじめは教育雑誌『月刊生徒指導』の1979年1月号の特集論文として公刊されたものだそうですが、この内容は一方の視点から記されているという点です。教師に暴力をふるった生徒の声というのがそのタイトルなのですから、それも当然でしょう。しかし、ここに登場する教師たちや巻き添えをくったかたちの生徒会の生徒たち、あまり表現されていない他の一般の生徒たちの言い分や考えは自身の言葉としては出てこないわけです。ですから、どちらの主張や行動が正当なのかはこれだけでは判断できません。そこのところを十分認識しておく必要があります。しかしながら、それでもこの記録は"意味ある他者"となりえていないことを示す事例としての価値を十分に持っていると私は思っています。なぜなら、"意味ある他者"とは誰にとっての意味ある他者なのかということが重要だからなのです。先生方から気に入れられている生徒会の生徒たちや他の一般の生徒たちがここで問題にされているわけではなく、教師たちに反抗的な態度をとり、暴力を行使する生徒たちに焦点が当てられているからなのです。こうした視点で見ていかない限り、校内暴力など"荒れる"学校の問題に迫っていくことは出来ないのです。
終章のところで、もっと詳しくお話しますが、意味ある他者は"望ましい自己イメージ"を投げかけてくれる人でなければならないのです。子どもが、認められた

いと思っているその人から本人も気に入るような"明るく、美しい"自分についてのイメージを与えられると、その子はそうしたいいイメージを与えてくれる人を好きになります。そして、子どもは自らそのイメージに合うように自分の行動を変えていこうとするのです。ですから、意味ある他者からかけられる期待が意味を持ってくるのです。

　上の事例では、このような"望ましい自己イメージ"を当該の少年たちに投げかけてくれる先生が登場してきたでしょうか。ほとんど見あたりません。それどころか、この学校の多くの先生たちは、ことあるごとに張本人は彼らだと決めつけますし、少年院に入れさせたいというような思いを持っています。つまり、プラスの自己イメージではなくマイナスの自己イメージしか提供しないのです。これでは、この教師たちは彼らに信頼感を与えられませんし、彼らにとっての"意味ある他者"には到底なれないわけです。

2．ある校長先生の教育実践から

　世の中には優れた教師が沢山います。私がここで優れた教師といっているのは、ただ教え方が上手というだけでなく、子どもの精神形成に強く関わり、子どもに生き方をも示唆しうるような学校の先生を指していますが、そのような教師は恐らく子どもにとっての意味ある他者になっているだろうと私は考えています。そして、そういう先生をこそ私たちは教育者と呼んでいるのではないかとも考えます。

　そのような優れた教師は日本の各地におられるとは思いますが、その代表的な例として私は若林繁太先生の教育実践を紹介したいのです。若林先生は、あの著名な『教育は死なず』(1978年、労働旬報社)や『続　教育は死なず』(1979年、労働旬報社)を世に送り出した人です。(1)しかし、ここではこれらの本からではなく、若林先生がこちらの高校を退職してから請われて赴任した、愛知県にある私立高校での実

----

(1) これらの本は、長野県にある篠ノ井旭高校(私学)における若林校長と、校長と志を共にしながら子どもの教育に取り組んできた(というより子どもの教育とたたかいぬいてきた)教師たちの実践の記録です。こちらも是非読んでいただきたいと思います。

践を記した雑誌上の「日記」から、先生の指導の仕方と働きかけの巧みさを読み取っていきたいと思います。

　それは、1988年の11月から教育雑誌『ひと』(太郎次郎社)で連載された「校長日記―管理教育地帯での学校づくりの記」に出てくる取り組みです。この日記は長いものなので、これから大きな出来事を時系列で区切りながら学校が変わっていく様を見ていくことにします。

　始めの見所は、校長が学校の規則を変えていくところです。管理教育を支えるものは何と言っても生徒を縛る校則です。生徒たちが守らなければならないルールということで生徒の行動を規制するわけです。生徒たちが厭がる一方で教師たちが効力を認めている校則を変えさせる(教師たちに了承させる)ことはたやすいことではありません。職員会で教師たちを説得する校長の論の展開のしかたに注目いただきたいと思います。例によって著者の文を直接引用する形で紹介していきますが、ここでは校長が生徒の要望を取り上げることとなった経緯を示すところから始めましょう。

　　　(5月6日(金)―略―)しばらくすると、2人の男の生徒が、恐る恐る校長室を訪ねてきた。2人ともまじめそうな子である。1人は背が高く、やせ気味、もう1人は小太りだ。共通するのは、気弱な感じである。
「校長先生、相談してもいい？」
「いいとも、こちらにはいって、椅子に掛けなさい」
　　2人は椅子の端に腰を浮かせるようにして座った。いつでも逃げ出せるスタイルだ。
「さあ、心配しないで、なんでも話してごらん」
「秘密にしてくれますか？」
「君たちがそう願うのなら、私も秘密を守るよ」
「どんなことを話しても、怒らない？」
「それも約束しよう」

どちらからともなく、2人は顔を見合わせた。そして、頷いた。どうやら意を決したらしい。2人にとっては、決心のいる重大な相談にきたらしい。
「きのう、学校の帰りに、販売機でジュースを買ったんです」
「若いから、のどが乾いたんだろう？」
「うん。でも、出てきたのは、ハイボールの缶だったんです」
「ほう、それで？」
「それを知らずに飲んでいるうちに、体が軽くなるようないい気持ちになったんです」
「いく分かアルコールがはいっているからね。それを自白に来たのかね」
「いえ、そこを担任のA先生に見つかっちゃったんです」
「それはたいへんだ」
「飲酒は校則違反だから、処罰するというんです」
「困ったことになったね。でも、知らずに飲んだのだから、それを説明して穏便に済ませてもらえないものかな」
「とんでもない。そんなこと、先生が信ずるはずはないでしょう。承知の上で飲んだことになっています」
「それじゃ、君たちがかわいそうだ」
「どんないいわけをしても、飲酒にはちがいありませんから、ぼくたちはあきらめています。黙って処罰を受けるつもりです」
「気の毒だなあ、私から君たちの気持ちを担任のA先生に伝えてやろうか」
「そんなこと、どうでもいいんです。それよりも、処分の決定まで丸刈りにして、反省の意思表示をしなければならない規則になっています。これが困るんです」
「へえ、丸坊主になっちゃうのか。そんな規則があるの？」
「そうなんです」
「君たちは、それが厭なんだね」
「丸刈りになったら、恥ずかしくて家に帰っても外に出られません。近所の人たちから『どうして丸坊主になったの？』と軒並に聞かれますから、つらいで

す」
「そんなに厭なら、断ったら？」
「断ることなんか、できません。悪いことしたら、丸刈りにすることが習慣になっているんです。他のクラスにも、丸刈りの者が何人かいます」
「断れないのに、なぜ相談に来たの？」
「みんなが厭だ、と言っているんです。だから校長先生に相談したら、ひょっとして他にいい方法があるかもしれない、と思ったんです」
「そうだな。丸刈りの代わりに、他の償いを自発的にやって、それを認めてもらおう、というのはどうだろう」
「そんなことで、許されるでしょうか」
「許されないで、モトモトじゃないか。もし、認められたら、それこそ儲けものと思えばいいよ」
「そうですね。やってみようか」
　２人はニッコリして帰って行った。

（５月７日（土）―略―）
　全職員を集めて、私は提案した。
「この学校には、生徒が校則違反した場合、その措置を決定するまで、丸刈りにして待たせるきまりがあるそうです。それを止めて、代わりに赤いチャンチャンコを着せることにしてはどうでしょうか」
　教職員たちは唖然とした。校長提案というから、どんなことかと期待していたら、とんでもないことを言い出したからである。
「そんなバカなことを！」
「それじゃ、生徒たちがかわいそうだ」
「生徒を恥ずかしめる行為で教育的でない」
「人権蹂躙で賛成できない」
　どれもこれも、非難囂々である。どうも評判が悪い。そこで私は提案を撤回することにした。

第5章 どんな教師が"意味ある他者"になれるか

「みなさんのご意見を聞くと、だれも賛成する者がいないようですから、私の提案は撤回いたします。けれど、赤いチャンチャンコは、学校内だけで、帰宅するときには、鞄のなかに収納することができます。だが、丸刈りは校内だけではなく、家に帰っても隠すことができません。子どもたちは恥ずかしくて休日も家に逼塞しているそうです。赤いチャンチャンコより、もっと人権を蹂躙する行為とは思いませんか。赤いチャンチャンコが人権蹂躙なら、もっと蹂躙している丸刈りも当然、廃止するものだ、と私は理解しますが、よろしいでしょうか」
　だれも異論をとなえる者はいなかった。
「だれも異議ある人がいませんので、今日から丸刈りのきまりを廃止します。どうも、ありがとうございました」
　丸刈りの規則は、すんなりと廃止された。生徒指導部長が私のところにやってきた。
「校長先生、やりましたね。あんなに簡単に決定するとは、思いませんでした」
「先生がたが人権のたいせつさに気づいただけだよ。曇った視野は、明るく磨きさえすれば、良識ある人なら気づくはずだね。本校の教職員は、さすがに良識があるね。安心したよ」
　そのあと、A教諭がやってきた。
「校長先生、ありがとうございます。おかげで、あの生徒たちもよろこぶでしょう」
「君から伝えてやりなさい。私は担任の先生にお願いしてみる、ということになっているからね」
「いやあ、それは恐縮です」
　A教諭は、自分が許されたかのように、うれしそうな笑みを顔面一杯に浮かべながら、去っていった。

5月9日（月）　1時限が終わった休憩時、A教諭が息を切らせてやってきた。
「校長先生、あの2人の生徒は、4日まえから、自発的に毎朝、西廊下の掃除

をしていたそうです。私も知らなかったのですが、これで丸刈りの償いにしてください、と言っているんですが、どうしますか」
「いいことだ、とほめてやりなさい。立派な償いだとね」
「分かりました」

　昼休みの休憩時間に、2人の生徒がニコニコしてやってきた。
「校長先生の言うとおりでした。ダメだとは思っていたのですが、償いに掃除をしていたら、担任の先生から、君たちの償いを認める、と許されました。ダメだと思っても、諦めずにやってみるものですね」
　2人の生徒は、幾度もくり返し礼を言って帰った。その頭には、ふさふさとした髪の毛があった。

【『ひと』1989年3月号、pp. 99〜102、より】

　つぎの山場は、学校が打ち出した退学者をゼロにするという方針を聞きつけて、その真偽を確かめるためわざと校則違反をおかす生徒たちに対する教師側の新しい指導の取り組みが展開される場面とそうした先生方の変貌ぶりに対する生徒たちの意識変化が表されている件です。ここでは、校長が提唱する「人間教育」に取り組んでいく過程で変わっていく教師たちの意識とそうした教師たちとの関わりの中で教師たちへの見方を変えていく生徒たちの意識に焦点を当てて、引用文を読んでいっていただきたいと思います。それでは、以下、校長が処罰としての退学や停学をいっさい中止する校則変更の必要性を職員会で訴え、教職員側から出された一つの質問に校長が答える場面から入っていきましょう。

（6月11日—略—）
　「まだ諸君のなかにはこの教育を誤解している者がいるようだ。退学ゼロ運動は、退学させない運動ではない。子どもが働くことを心から望み、親も承知しているのに退学させないのは、むしろ人権を侵すことになる。ただ、それが一時的なものかどうかを判別するのは困難だ。だから、在籍のまま社会で働くことを許す在籍出向制度を採用する。

働いているうちに学ぶことの重要性を悟り、帰校したい者はいつでも帰れるよう校門を開いておくのだ。社会に落ちついて幸福に暮らしている者は、その時点で退学を認めればよい。退学の基準は、子どもがそれで幸福になれるかどうかに置くことだ。したがって、処分としての退学はありえないことになる。

子どもたちのあいだに友情がかわされ、いじめも暴力もなく、たがいに助け合うような、明るく楽しい環境の学校を子どもたちは退学したいなどとは思わないだろう。

それが、私の言う退学ゼロの学校なのだ。その目標は退学させない学校ではなく、退学者の出ない学校である。誤解しないでもらいたい」

そのほかには質問もなく、全員が発足に同意した。この制度の真の意味を知っていたら、こんなにもスムーズには同意できないはずなのだが、と私は不安だった。だが、もう待つことは許されないリミットにきている。まず、出発してからのことだ、と私は覚悟を決めた。

「それでは、本日をもって、いままでの校則を廃止し、新しい校則に移行する。未制定のものはこれから検討することにした。それまでは現状どおりとする」

【『ひと』1989年5月号、pp. 118〜119、より】

（6月16日―略―）　7人の生徒たちが校長室に呼ばれた。いずれも一度は校長室を訪問したことのある生徒たちばかりなので、どの子も顔見知りだ。
「今日はきみたちはお客様じゃないから、お茶は出さないよ。ところで、校内でタバコを吸ったそうだね。それは校則違反だということを知っているだろうね」
「知っているよ。でも、退学にはしないだろ」
「そのとおりだ。だが、大人の社会で法律を犯した者はどうなるのだろう？」
「裁判して、刑務所いきだよ」
「よく知っているね、感心だぞ。じゃ、子どもが校則を犯したら、どうすれば

いいのかね。きみたちの考えを聞きたいんだ」
「・・・・・・」
「返答のないところをみると、放置するだけではいけないと承知しているのだな。きみたちの行動を地域の人たちが聞けば、本校に学ぶ生徒の評価を低く考えるかもしれない。それじゃ、まじめな生徒たちは迷惑だね。多くの仲間たちに迷惑をかけたのだから、きみたちはそれを償わなければならないよ」
「何をやればいいんですか」
「それはきみたちが考えることだね。きみたちの行為は、いろいろな不満や悩みを別の形で表現しているのだ、と私は思っている。だから、償いの形もそれぞれちがってもいい。学校の授業が分からないので不満が蓄積している者には、授業をしよう。

　授業は分かるが、学校の雰囲気が気に入らない者には、先生と協力して環境改善をやってもらおう。また、学校の指示に納得できない者は討議によって、それを知るがよい。きみたちは、希望によって、そのどれかを選ぶことだね」

　7人はそれぞれ、自分の希望によって償いの方法を選んだ。そして、私は、彼らの償いの方法により、担当教師を1人ずつ選んだのである。
「西沢君は授業がむずかしいということだったな。とくに、数学が分からないと訴えている。では、数学担任の川井先生にお願いしよう。山下君は教科学習は優れているんだね。では、きみの希望によって、環境整備をクラス担任のA先生に頼もうか。北野君は討議が希望だね。では、生徒指導担当の小林先生ならどうかな」

　このように、1人に1人ずつの担当教師が割り当てられた。そして、学習命令が発せられ、1対1の学習が始まったのである。教師も生徒も初めての指導方法なので、私たちは、あらかじめ何度も打ち合わせをしておいた。

　それにしても、この結果は、今後の本校での教育に大きな影響を与えることになる。全校の教師たちが、それに生徒たちが、この試行を注視している。

おそらく、担当教師たちは、それぞれ、責任の重大さを身に感じているにちがいない。

【『ひと』1989年6月号、pp. 118〜119、より】

(6月21日─略─)　まず会ったのは、西沢といって、「日頃、粗暴な言行あり」と報告されている、事件に関係ある生徒の1人であった。この生徒は背が高く、鋭い目つきのわりには気が小さい。自分から仲間をリードするタイプではないが、なぜか中心的な人物で、どの事件にも端役ながら関与しているマメな子なのだ。この子とは、放課後、偶然に廊下で出会った。家に帰るところらしく、鞄を横にかかえている。さっそく、近くの部屋にはいり、座りこんで会話を試みる。
「おや、いま帰るところかい?」
「うん」
「補習学習かクラブでもやっていかないのかね」
「補習はもうコリゴリだし、クラブにははいっていないもの」
「なあーんだ、帰宅クラブか(補習もクラブもしないで、授業終了後、すぐ帰宅する生徒たちのことを、そう呼んでいる)。いまから帰ったんじゃ、暇でしかたがないだろう。若いんだもの、思いきって運動でもしたら?」
「家でテレビでも見ているほうがいいよ。おれ、あまり束縛されるのって、嫌いだからな」
「でも、ここ2,3日は遅くまで学習していたんだろう？　勉強、どうだった?」
「まいったよ。あんなに厳しいとは思わなかったよ」
「でも、きみは偉いよ。自分は数学に弱いと思ったので、数学の学習をみずから選んだのだろう？　感心だね」
「ほんとうはちがうんだ。ここだけの話だよ、誰にも言っちゃいけないよ。約束できる?」
「うん、約束するよ。ほんとうはどうなんだ」
「どれか選べと校長先生が言ったろう。そこで、おれ、考えたんだ。奉仕作業

なら、草取りにしても掃除にしても、きれいになっていなけりゃ、サボっていたのがすぐバレるしなあ。討論するといったって、自分の悪いのは、はっきりしているから、言いわけできないよ。

　それに、先生が相手じゃ、かなわないよ。学習なら、課題を出されるだけだろう。適当にやっているふりをしていればいいだろう。解答なんか、まちがっていても、適当に書いておけば、一度、叱られればいいんだからな。いちばん楽だと思って選んだんだ」

「なあんだ、そんなことを考えて選んだのか。それで、どうだった、計画どおりになったのかい？」

「いや、それがさんざんだったよ。川井先生って、ほんとうはまじめな先生なんだね」

「どうして？」

「最初、部屋にはいってきて、言うんだ。『ょォ、西沢君、数学がわからないんだって？　ごめん、ごめん。生徒が多いもんで、平均的なレベルで教えているから、きみが理解できなかったのも無理はないよ。数学ができないのは、きみの責任じゃなく、まったくぼくの責任だ。この時間は、きみとぼくだけの時間だから、遠慮なくわからないところは聞いてくれ。きみのレベルに合わせて最初からやり直そう。ここはわかるかね？』と、こうなんだ。しかも、1対1なんだぜ。課題なんか、少しも出さないんだな。

　予想が狂って、おれ、まいちゃったよ。しかたがないんで、先生の言う通り学習はしたけど、もともと嫌いな学科だろう、好きな学科を選べばよかったと後悔したけど、いまからじゃ、どうしようもないや。

　しかも、ピッタリと先生が食いついているんだ。サボれやしないんだよ。くたびれたので、『先生、すこし休もう』と請求すると、川井先生が怒鳴るんだ。

　『ばか言うんじゃない、それはぼくが言うセリフだ。ぼくは家庭教師じゃないぞ。しかも、これはきみの希望なんだぞ。それも処分としての措置で、補講とはちがうんだ。

第5章 どんな教師が"意味ある他者"になれるか

きみだけの処分ではなく、ぼくも処分されているんだ。きみは授業がわからないんで、煙草を吸うことによって学習未消化を訴えている、と校長先生は考えているんだ。だから、よく教えなかったぼくにも責任があるんだ。その責任を果たせ、と言われてきた。きみができるようにならなければ、ぼくの責任は終わらないんだ。ぼくが一生懸命になっているのに、きみが怠けるとはなんだっ！ きみが希望するなら、徹夜だってつきあうぜ』

おれ、うんざりしたね。でも、川井先生の真剣な顔をみると、そうも言っておれないしな。とうとう、最後までつきあってしまったよ。終わったときには、もう、フラフラ。二度とこんなことしたくないと思ったね」

（略）

「あれ？ でも、きみは希望したんだろ、それを」

「学校はずるいよ。勉強を教えるというのは、一般的には拷問だとは思わないんだから」

「それじゃ、あれはきみにとってプラスにはならなかったのかな？」

「それがちがうんだ。今日、数学の授業があったけど、出された課題を見て、おれは"アレッ"と思ったんだ。だって、おれが川井先生に教わったのが出てるんだ。よく見ると、おれは川井先生と予習していたんだな。だから、ほかの奴ができなくても、おれはできるんだ。

みんながおれを見て、『すごいなあ、これができるなんて』と尊敬の眼で眺めているんだ。おれ、生まれてはじめてだよ、あんな眼でみられたのはね。いままではばかにした眼で見ていた奴らがよ。

だから、明日から少し数学の勉強をして、二度とばかにされないようにがんばらなくちゃね」

「へぇ、それはよかったね。ひょっとすると、きみはほんとうは数学が好きなのかもしれないよ。ただ、やらなかっただけじゃないのかな」

「おれもそんな気がしているんだ」

「うんとがんばってごらん。ときに、煙草のほうはどうなんだい。まだ吸うつもりかね」

「もうたくさん、二度と吸わないよ。拷問はこりごりだからな。そんなことより、早く帰って、恥をかかないよう勉強しておかなくちゃね。もう、いいだろう、さようなら」
　西沢君は、そこまで言うと、そそくさと帰っていった。
　　　（略）

　私は、A教諭の自信喪失した顔を想像していた。（—略—）意外だった。彼の顔はじつに明るいのである。"おや？"——私は思わず、眼を見張った。
「あ、校長先生ですか。明日の授業の下調べをしていたところです。どうしてここに？　何か事件でもあったんですか？」
「いや、べつに。ただ、山下君のことね、どうなったか心配なので、聞きに来ただけだよ。どうだった？」
「あ、それそれ、あとで報告に行こうと思っていたんですよ。わざわざ来ていただいて恐縮です。じつは」とA教諭は語りはじめた。そこにはすこしも落ち込んだ様子がない。
「山下と、何をするか相談したんです。いろいろな案がありましたが、究極には正門前の花壇の草取りをしよう、ということになりました。お客さんが、いつもあそこを通りますからね。それなのに、草が伸びているんです。恥ずかしいなあ、と以前から気になっていましたから、その植え込みをきれいにすれば、みんなのためになると考えました。

　山下もまったく同意見だったのには驚きました。あいつも、いいところがありますね。彼も気になっていたんですよ。そこで、2人して草取りをはじめました。けれど、べつに話すようなこともありません。ただ、黙もくと仕事をしていたんです。すると、山下がたまりかねたように、ぼくを怒鳴るんです。
『Aさん、おれはサボリゃしないから、職員室に帰っていなよ。仕事がすんだら、きっと報告にいくからさ。おれを信じてくれよ、と言っても、信じやしめえだろうがよ』
『ぼくは、きみの監視にきているんじゃない』

『じゃ、何のために、そこにいるんだよ』
『きみが煙草を吸ったのは、ぼくのクラスに、それを容認する空気が流れていたからだと思うんだ。煙草を吸うのを許さない雰囲気がクラス内に充満していたら、きみだって吸うことはできなかっただろう』
『そりゃ、まあ、そうだよ。できないだろうな、おれだって』
『そんなダメなクラスを作ったのは、ぼくの責任だ。そんなクラスにいたから、きみは喫煙したんだろう。とすると、きみは犠牲者だ。犠牲者のきみが草取りで償いをしているのに、むしろ加害者のぼくが黙って見ていられるかい？ きみが償うのなら、ぼくだって償わなきゃならない。ぼくは償いのつもりで、きみと一緒に草取りをしている。だから、べつにきみを監視する気持ちなんてないよ。
きみがサボろうが、遊んでいようが、そんなことどうでもいい。ぼくは自分の償いをやらねばならないのだ』
『・・・・・・』
　それから、2人は黙って草取りをしましたが、彼はサボりませんでした」
「うん、それから、どうしたの？」
「草取りが終わって帰るとき、彼はぼくに近寄って、ささやくように言ったんです。
『先生、二度と先生に草取りをさせるようなことはしないからな』」
「ほう、それは大成功だ。それは、二度と煙草を吸わないよ、と暗に言っているんだ」
「いや、そんなことじゃないんです。彼がはっきりと呼んだんです。しかも、二度も、ぼくのことを"先生"って言ったんです」
　A教諭は、よほど嬉しかったのであろう。そのときの情景を頭に描きながら、息を切って私に報告するのだった。
　"これで、A先生も自信を回復するだろう"私はほっとして相好を崩した。
【『ひと』1989年7月号、pp. 111 〜 116、より】

この日記の最後の方に出てくる生徒の教師殴打事件についての語りは、問題を起こした生徒が事の重大性を校長との対話の中で認識し、立ち直っていく過程を描いていますが、若林先生のお人柄と教育者としての働きかけのすばらしさが見事に示されているところでもあります。この件は大変長いので、校長とその生徒との会話の多くを割愛し、事件後の校長・教師・生徒間で交わされた話を中心にその展開を見ていくことにしましょう。暴力を受けた教師が病院から戻ってきた場面から入っていきます。

　（7月6日（水）―略―）　しばらく時間が経過した。あたりが薄暗くなったころ、突然、部屋の戸が開いた。そこには、白い包帯で腕を首から吊り、腰にコルセットを巻いた松葉杖姿の成田教諭が立っていた。てっきり病院にいるとばかり思っていた成田教諭が、急に現われたので、思わず私と森下は立ちあがった。
「いつ帰ったのかね。電話がくるとばかり思っていたので、ここで待っていたんだよ」
「意外に早く検査もすんで、ことらへ帰る車がちょうどありましたので、それに便乗させてもらいました。ご心配をかけてもうしわけありません」
「たいへんだったね。コルセットの下は大丈夫なのかね」
「いや、これはコルセットじゃありませんよ。包帯をきつく巻いただけです。用心のために、そうしただけで、たいしたことはありません」
「足は不自由だろう？」
「これもたいしたことはありません。ちょっとフラフラしたので、倒れないために使っているだけです。病院のほうで大事をとって、こんな大げさな格好にしてしまったんですよ。これじゃ、恥ずかしくて歩けませんよ。案外、早く治癒するそうです」
　成田教諭は、つとめて気軽さを装っていた。そして、やたらと「たいしたことはない」を連発するのだった。それは森下の心を思いやっての強がりであることは、すぐ分かった。森下も成田教諭のその優しい思いやりを感じてい

たにちがいない。
「先生、痛くないかい？」
「おお、森下か。こんなに遅くまで、わしを待っていてくれたのかい。ありがとう。心配させてすまなかったなあ」
「おれのせいで、こんなことになったんだもの。あたりまえだよ」
「わしはいままで、さんざんおまえたちに鉄腕をふるっていたからなあ。そのバチかもしれないな」
「そんなことないよ、すまねえ、先生」
「森下はきみの治療費や車代などの費用について心配しているんだよ」
「何だ、森下、そんなことを心配していたのか。心配するな。病院には階段から落ちたと言っといたよ。だから、保険が利用できるんだ。金なんかかからないよ。こんなケガなんか、すぐ治るから、まえのとおりピンピンと働けるだろう。子どものくせに、そんな心配なんかするんじゃない」
「先生、ごめんよ。おれ、悪かったと思っている。先生が警察に訴えても、おれは先生を恨まないよ。一方的におれが悪いんだからな」
「誰が訴えると言った。さっきも言っただろう。原因は階段から落ちたんだってな。わしの不注意で、そうなったんだ。誰からも害を受けたんじゃないぞ。だから、訴える理由なんか、ありゃしないじゃないか」
「先生、すまねえ」
　森下は感涙に咽びながら、早口で喋りだした。頬には二筋の涙跡がくっきりと残っていた。だが、彼はそれを拭おうともしなかった。
「先生がこんなに優しい人だとは知らなかったんだ。暴力教師で、抵抗していなければ、こっちがやられると、いつも対抗姿勢を崩せなかったんだ。もっと早く先生のほんとうの姿を知っていたら、おれだって、暴力なんかふりまわすことはなかったんだ。先生が、ほんとうは、おれたちのことを心配していてくれると分かっていたら、おれたちは先生のいうことを何でも聞いていただろう。でも、おれたちは先生の本心を知る方法がなかったんだ。一度だって話し合ったことなんかなかったし、話し合おうともしなかったのがいけ

なかったんだ。
　これからは、いままでとは違うよ、先生。何でも言ってくれ。喜んで先生の言うことを聞くから」
　私は森下の叫びを聞きながら、衝撃をうけた。彼の言うことに、反駁することばはない。まったく、そのとおりだからである。
　私たちも、日ごろから彼との交流を配慮しておけば、こんなことにはならなかったにちがいない。彼は、たしかに行動面では問題が多い。だが、真の心は、ほかの子どもと少しも変わっていないのである。

(7月16日(土)―略―)　子どもたちが夏休みのことで、気持ちが浮きあがっているころ、森下はどうしているだろう、ほかの子どもと同じくうきうきしているだろうか、沈んでいるのではないだろうか、と私はふと、森下の行動が気になり出した。
　タイミングよく、そこへ成田教諭が別の用件で報告にきた。ケガのほうもだいぶ快方に向かっているらしい。松葉杖も、体に包帯もみられない。ただ、腕を首につっているのが、名残りを留めている。
「森下はどうしているだろう。私との話もあれきりになってしまったが、元気でやっているかな」
「それなんですよ」
　成田教諭は待ってましたとばかりに、勢いこんで話しだした。昔と変わらないファイトマンぶりである。彼の仕事に熱中するファイトはすばらしいものがあった。そのファイトにすこしでも翳りが見えたらたいへんだ、と心配していただけに、安堵した。
「森下は、あれからわしのところに来まして、先生の手伝いがしたいと言うんです。校長さんのさしがねと思ったので、『校長さんに言われてきたのか』と聞いたら、『校長先生からアドバイスを受けたが、これは自分の意志だ』と強く否定するんです」
「そのとおりだよ。指示など何もしなかったね。アドバイス？　あれがアドバ

イスかなあ。まあ、いいや。ともかく、どんな動機でも、彼が立ち直ってくれればいいんだからね。それで何を手伝うというのかな」
「それが、病院の往復に、わしのカバンを持ってくれるんです。そんなことはいい、と断るんですが、先生の手を不自由にしたのはおれなんだから、手が使えるまで、おれが手のかわりをする、といってきかないんです」
「感心だな、よくそこまで決心したね。実行しているのかい？」
「ええ、毎日、やってくれます。あいつも変わりました」
「よく、そこまで彼を変えたね。森下を十分に褒めてやってくださいよ」
「そうしています。褒めると、『よせやい』と言いながら、目を細くして喜んでいるんです。根はいいやつなんですね。彼の本心を見た思いです」
「そうだね。彼は表面こそ粗暴なふりをしているが、ほんとうは淋しいのかもしれないね。それを、先生という理解者をえて、心強く感じているんだろう。
　突っ張りは、自分の弱さを隠蔽しようとして行なうことが多いんだよ。大物の番長となると、普通の生徒と同じようにおとなしいものなんだ。『あいつが番長？　信じられない』と、誰もが驚くほどめだたない存在だが、いざとなると居直る強さをもっている。実力があるから、突っ張る必要がないんだね」
「わしも教えられました。いままで殴っても、蹴っても直らなかった子が、殴らないことによってまじめに立ち直るなんて、思いもしませんでした。体罰では子どもはよくなりませんね。勉強になりましたよ」
　あれ以来、成田教諭は体罰をピタリとやめている。

【『ひと』1989年9月号、pp. 112〜117、より】

　以上、若林校長先生らの教育実践を紹介してきました。それでは、これより"意味ある他者"理論の視点から、この実践のすばらしさを語ってみましょう。
　区切り毎に解説を加えていきますが、全体を通して重要な命題が横たわっていることをまず指摘しておきましょう。それは、どの生徒の成長の可能性もどの教師の教育者としての良心も若林先生が信じ切っているということです。子どもにはその声に耳を傾け物の道理を説いて聞かせれば必ずや子どもはその筋を理解すること

ができるということと、教師もまた彼らが子どもについて持っている固定観念を砕いてあげれば必ずや子どもを導きうる(子どもにとっての)良きパートナーになれるということを信じ、子どもにも後輩の教師たちにも期待を投げかけているのです。それは、いつも教育の原点を求め続ける先生の姿勢そのものだとも言えましょう。そう言えば、先生の前の方の著書の副題は「どこまでも子どもを信じて」ですし、後の方のは「教育のこころを求めつづけて」というものでした。このように、人間の可能性を信じそれを追求する教育者としての姿勢が、この「校長日記」で語られる教育実践の中の随所に出てきているのですが、そうした点にも触れていくことにしましょう。

　それでは、まず始めの区切りのところから述べていきます。新しい校長先生は校長室には入れてくれるし、生徒たちの話も聞いてくれるということだ。そんな話のわかる先生なら、生徒たちが一番いやがっていたこともなんとかしてくれるかもしれないとこの段階では淡い期待を抱きながら、2人の生徒が校長室を訪ねてきたわけです。その訴えるところは、(校則違反に対する処分が決定するまでの学校側の措置としての)丸刈りに代わる何か他のいい方法はないか校長に相談にのってほしいというものでした。

　若林先生は、丸刈りの代わりに、他の償いを自発的にやって、それを認めてもらうというのはどうかと生徒にはアドバイスします。しかし、それを教師たちに認めさせるためには丸刈りの措置を定めた校則そのものを変えなければなりません。もとより、この学校の「校則違反生徒措置(処分)規定」に心を痛めていた若林先生は、この生徒たちの訴えを機に丸刈り規則廃止を職員会で諮ったのでした。

　校長先生の計らいで生徒たちの願いが叶うことになるのですが、その功を校長1人のものにするのではなく、教職員みんなと分かち合うようにしているところが若林先生の大きさを示しています。例えば、「本校の教職員は、さすがに良識があるね」と教職員全体を褒めるところや2人の生徒の担任のA先生に(丸刈りをしなく

---

(2) そこには、生徒の犯した罪状が列記され、それらに対する処置が羅列されているといいます。その一例:「〈飲酒・喫煙〉1回目―停学1週間。2回目―校長訓戒、停学2週間。3回目―校長訓戒、無期停学。4回目―退学。」(『ひと』1989年2月号、p. 149、より)

てよくなったことを、その2人に)「君から伝えてやりなさい」と言っているところ、さらに、自発的な掃除作業を以て丸刈りに代わる償いにしてほしいという生徒たちの申し出に対して「いいことだ、とほめてやりなさい。立派な償いだとね」と告げているところには、教師たちに対する校長からの信頼表明と教師の生徒たちからの信頼回復を願う校長の配慮が窺えるのです。

　この件で学校側が得たものは非常に大きいと思います。それは、当該生徒らが"幾度もくり返し礼を言って帰った。その頭には、ふさふさとした髪の毛があった"と語る校長の言葉の中に集約されているのだと思います。かくして、若林先生が教職員と生徒たちに投げかけた期待は実現され、ここから本校での教育の一歩が踏み出されたのです。

　つぎは、退学者ゼロが宣言されてすぐに引き起こされた校則違反行為に対する教師側の対応に注目しましょう。ここでは西沢君と川井先生、山下君とA先生という2組の人間関係の模様が描かれていますので、順に解析していくことにします。

　西沢君にとって数学は嫌いな科目です。なのに、彼は、なぜ数学の授業を受けることを償いとして選んだのでしょうか。それは彼が告白しているように、償い行為として示された3種類の学習命令のうち、一番楽そうなのは授業を受けることで、しかも数学ならきっと課題を出すだけだからやっているふりをしていればじきに終わるだろうと思っていたからです。ところが、待ち受けていたのはそういう現実ではなかったのです。待っていたのは、今まで授業の中では決して出会えなかった川井先生の真摯な指導姿勢だったのです。川井先生の「きみができるようにならなければ、ぼくの責任は終わらないんだ」という言葉は正に教育者の言であり、その気迫は西沢君の安易な心を吹き飛ばしたのです。自分ができるようになることを本気で考えている教師が今目の前にいるのです。その期待には応えなくてはなりません。そうした心境が、彼が後で拷問と称するほどの真剣な学習を耐え抜かせたのです。

　しかも、この話は、その成果が公の場面で示せるというおまけつきの展開です。「えっ、西沢がこんな難しい問題を解けるのか」と、今まで少なくとも数学については出来るはずがないとバカにしていた他の生徒たちが彼を尊敬の眼差しで見てい

るのですから。"俺だってやれば出来るじゃないか"という自信を彼は確かに掴んだのです。そして、こうした出来事のきっかけを創り出してくれた川井先生に対しては、当然感謝の気持ちを持ったのです。こうして、ある生徒と教師の信頼関係が出来上がりました。これは、今までの校則違反に対する処分の中からは決して生まれてこない出来事ではないでしょうか。

それにしても、話を聞いて西沢君に言った校長先生のフォローの言葉が実にいいですね。「ひょっとすると、きみはほんとうは数学が好きなのかもしれないよ。ただ、やらなかっただけじゃないのかな」——本当に巧みな励ましの言葉だと思います。これは、西沢君にとって、何よりの"プラスの自己イメージ"の投げかけになっているのです。そんなすてきな自己イメージを投げかけられれば本人は悪い気がするわけがありません。本人もそんな自分になりたいのです。ですから、そう言われた本人の返す言葉が「おれもそんな気がしてるんだ」となるのです。教師と生徒との関係は、かくありたいものだと私は思いました。

つぎは、山下君とA先生の関係です。この関係も劇的に変わります。私が省いてしまった「校長日記」の綴りの中にA先生と彼が担任となっている生徒たちの関係をよくあらわしている箇所があります。それは、要するに生徒たちは担任に対して尊敬の念をもっていないようで、彼を呼ぶ場合も「A先生」ではなく「Aさん」と言っているという部分です。こうした教師と生徒たちの関係の中で前述のような展開があったのです。山下君は番長級の生徒だそうです（若林先生が省略した他の部分でそう言っています）。その山下君が、学習命令による償いを果たした後で担任に言った言葉は、A先生にとっては最高にうれしいものでした。「先生、二度と先生に草取りをさせるようなことはしないからな」　校長先生は、それは二度と煙草を吸わないと暗に言っているんだと、そちらの方の成功を喜んであげましたが、A先生にはもっとうれしいことがあったわけです。「いや、そんなことじゃないんです。彼がはっきりと呼んだんです。しかも、二度も、ぼくのことを"先生"って言ったんです」というA先生自身の言葉がそのことを物語っています。

ところで、このような変化はどうして起きたのでしょうか。ここのところを確かめておきましょう。繰り返しになりますが、出発点となっているのは、何と言って

も、校長が唱道する"退学ゼロの教育"を目指して取り組み始めた教師集団の努力があったことです。そうした努力の一つに、教師が生徒のいいところを見ようとする意識の変革があります（ここでは、「山下もまったく同意見だったのには驚きました。あいつも、いいところがありますね」とA先生が言っている場面がありました）。そして、他の努力として、生徒の校則違反行為や学校・教師に対する不満には教師側にも責任があるという認識に立ち、生徒に学習命令が出された場合、教師も生徒と共に償いをするということがあります（ここでは、自分は償いのためにここにきているのであって、君を監視するためではないと生徒に告げる場面がありました）。こうした関わりの中で、教師の教育者としての姿勢を感じ、こんどは生徒が教師に対する見方を変えていきます。そして上述のような山下君の言葉が出てきたわけです。ここには、お互いの善さを見つけ、引き出し合うという教育の良き循環の過程が現れていませんでしょうか。

　最後の方の事件について、若林先生は日記の中で相当の頁数を割いています。勘違いでとは言え、一方的に教師に攻撃を加え大けがをさせてしまった生徒に事の重大性を認識するよう諭していく過程や、後でその生徒が害を加えてしまった先生にどのようにしたら償えるのかを教えてもらいたくて校長のところにやってきますが、それに応えて校長が若かりし頃の失敗談を語ってあげるという生徒と校長の交流場面が詳しく記されているからです。そこからは、その子を何とか立ち直らせてあげたいという若林先生の熱い思いがいろいろ伝わってきますし、同時に、校長が信じるその子の中に眠っている"善性"が校長に教えてもらったり話を聞いたりしていくうちに目を覚まし彼の意識が変わっていく様子も十分に窺えるのです。省略してしまいましたが、(校長の話を聞いて)「おおいに参考になった。おれが変れば、先生（成田先生のこと）も喜ぶんだね」[3]という生徒の言葉がそのことを端的に示していると思います。

　成田先生のやさしい心遣いを知ってからの森下君の心の変化には著しいものがあります。

---

(3) 『ひと』1989年9月号、p.116。

そのことを如実に示しているのが、既に紹介してある森下君の言葉です。ポイントの部分だけを繰り返しますと、「先生がこんなに優しい人だとは知らなかったんだ。(略)先生が、ほんとうは、おれたちのことを心配していてくれると分かっていたら、おれたちは先生のいうことを何でも聞いていただろう。(略)これからは、いままでとは違うよ、先生。何でも言ってくれ。喜んで先生の言うことを聞くから」というところです。
　そして同時に、この言葉は、この段階で、成田先生が森下君の"意味ある他者"になっていることを告げる重要な表現となっているのです。なぜなら、私は、1章で"意味ある他者"を確認する2つの質問について掲げておきましたが、その1つ目の内容に森下君の述べた言葉が合致するからです。どうぞ、確かめてみて下さい。
　"教師が変われば、生徒も変わる"それは、理屈としてはわかるが、現実に起こすことは難しいと言われています。しかし、この学校ではそうしたことが現実に起きたのです。このように"優れた教育実践があるところには、生徒たちにとっての意味ある他者となっている教師(たち)の存在がある"というのが私の見方なのです。

第6章

"まとめ"の前に知っておきたい
「理論」と「説」

次の章で"まとめ"に入りますが、その前に皆さんに知っておいていただきたい「理論」と「説」があります。その理論と説とは、1章で取り上げることを予告していた、良心の形成に関する理論と「予言の自己成就」説のことですが、これらは"意味ある他者"理論と密接に関連しますし、教育の基本となる見方を提供してくれます。是非、お読みおき下さい。

1. シアーズらの「同一化」理論

　本書のねらいを示した1章で、"良心の形成過程を思い起こしてほしい。良心は、子どものことを大切に思い要求を課す、親のその期待に子どもが応えようとする過程の中で形成される"ということを私は述べました。そこで、ここでは、その良心のことについて少し考えてみたいと思います。
　ところで、良心という言葉を私たちはよく使いますが、それは、そもそも何を意味するのでしょうか。その語意を確かめるため辞書・辞典を引いてみますと、『広辞苑　第二版』には、「何が自分にとって善であり悪であるかを知らせ、善を命じ悪をしりぞける個人の道徳意識を指す」と出ています。また、『教育心理学新辞典』(金子書房)では、「心理学的には、良心は幼児期における親のしつけの声が内面化したものと考えられる」と記されています。これらを参考にさせてもらい、私流に表現し直しますと、良心とは、私たちに善いことを勧め、悪いことを思いとどまらせる内なる声というようになるでしょうか。しかし、このような説明で、良心という言葉が意味するものを常識的にイメージすることはできますが、それがどのようにして形成されるのかはわかりません。
　そこで、その形成過程について、これより、シアーズ (R. R. Sears) らの研究[1]を紹介する形で見ていくことにいたしましょう。
　彼らによれば、まず、子どもの行動を統制する力には3種類のものがあると言い

---

(1) Robert R. Sears, Eleanor E. Maccoby, Harry Levin : Patterns of Child Rearing, Harper & Row, Publisher, 1957. この本は1976年にスタンフォード大学出版より再販されています。
　本書は、誕生から幼稚園児の年齢になるまでその子をどのように育てたかということを、アメリカの母親379例について調べたインタビュー方式による実証的研究の報告書です。

ます。その1つは、不断の監視や直接的干渉を要する外的な働きかけです。2つは、罰を恐れたり賞を期待したりすることに基づく子どもの自己統御です。そして3つは、行動に関する親の規準を、自分自身のものとして純粋に受け入れるように思われる、子どもの内的統制です。

　この3つめの内的統制が、いわゆる良心というものに当たり、これに背いて逸脱すると、子どもは罪や恥の意識を感じたり自己を貶(おと)めたような気持ちになったりして、自分で自分に罰を科すことになるわけです。

　もちろん、(上述の2つめの)恐れによる統制と良心による統制はどちらも学習され、普通どの子もそれぞれを発達させます。ある種の行動では、内的な規準を持たずにただ捕まえられるのを恐れるだけかもしれません。が、それとは別の行動では、親の規準が自分自身のものとして十分に受け入れられ、罰せられる可能性の有無にかかわらず、その規準に合わせて振る舞うというように。

　それでは、良心はいつ頃から形成されはじめるのでしょうか。シアーズらの研究には次のような例が上げられています。

　　マーサの両親が彼女を連れて訪ねてきた、ある日曜の午後のことだった。彼女は好奇心旺盛でいたずら盛りの17ヵ月の子である。私たちがコーヒーとクッキーをとる間、彼女はグラス一杯のミルクをコクコクと飲みほし、クッキーを半分ばかしかじってから、周囲をしきりに探検し始めた。ほとんどの間よちよちと歩き回り、時にははいはいをして、彼女は出かけていく先々でおかしのくずを落としたり、カップをひっくり返したりした。置きランプの1つが特に彼女の心をとらえた。それは、マーサが握りしめるのにちょうどよい太さの1本のつやのある丸木でできており、丈の高い真っ直ぐなものであった。マーサが幸運にもグイとつかみそれにもたれながら立ち上がった時、ランプはマーサをいかにもうっとりさせるような様子でゆらゆらと揺れ動いた。

　　彼女の父親は、2度も破壊を防ぐため、カップをおいて部屋の中をすっとんでいかねばならなかった。彼は2度ともはっきりと言った。「いいかい、マ

ーサ。さわっちゃダメ!」その度に彼は彼女の手を引いて連れてきては何か玩具のある所へ連れていった。これらの玩具はほんのわずかな間だけ彼女の心をまぎらした。

　2度目の妨害の後、マーサは再び部屋全般の探検をやりだした。今度は前より少しゆっくりと進んでいった。そして幾度か彼女の父親の方を見た。しかしながらランプの方に近くなると、もう彼の方を見るのはやめて、彼女の動きはすべてランプの方へ向けられた。慎重に彼女はランプの方に歩み寄り、その2歩手前まで来て、腕を少し上げかけ、それからはっきりと指図するように言った。「さわっちゃダメ!」

　心の中の闘争の静けさが瞬時あった。彼女はそれから向きを変え、よろめきながら部屋を通り、フロアのところでばったりと倒れ、そして興奮して笑いだした。すっかり感心した面持ちの父親は、いっしょに笑いながら手を伸ばし彼女を抱き寄せ、数分間抱きしめた。

　これは、良心の始まりを示した例とは言えないだろうかとシアーズらは言います。恐れと良心の違いは、(良心の方には)自己に対する命令と親によって表明された価値の自己内部への取り入れとがあるところにあると言うのです。マーサは決定的瞬間に父親の方を見る必要はなかったのです。なぜなら、彼女は指針の拠り所を自分自身においたからです。彼女が従った命令は自分自身のものでした。ゆえに、これは良心による統制と呼べるものだと言うわけです。

　この例からは知ることができませんが、良心による統制と認めることのできる最も重要な特徴が2つあることも指摘されています。1つは、(ああしなさいとかこうしてはならないとか)強く指示する人がその場におらず、捕まえられる危険性が少しもないような場合、誘惑に直面しても統制を維持できること。もう1つは、誘惑に負けて、子どもが己の善悪の規準から逸脱するような時、罪の意識を感じること、です。

　ともあれ、1歳を過ぎると、親が是認しない行動へ導くような衝動はどんどん内的統制下におかれ、親の行動の規準や特質がますます子ども自身の行動目録の中

に取り入れられるようになってきます。

　この内的統制の学習は、主として、思春期前の何年間に、恐らくは人生の始めの6年目から10年目までの間に最もよくなされ、その間なされた学習は、良心がその後の人生全体を通して作用する程度まで確立してしまうほどであると言います。そして、子どもは成長していくにつれ、社会的行動のより複雑な形態についての理解を発達させていくのですが、その時子どもは、(例えば"宗教"や"政治"や"経済"や"家族"にかかわる)自分の行動の新しい側面を、その子がすでに内的統制の下に置いてきた幼年時代の行動の範疇の項目下に包摂させていくのだろうと推測しているのです。

　以上のように、子どもは誕生後の6年までには、内面化された統制を発達させる過程に十分に到達しているのですが、その発達のすすみ具合(速度)には個人差があると言います。ある子どもたちは、特に女の子は、大変早くから母親の価値を取り入れ、就学年齢に達するずっと前から"模範子"として振る舞うようです。別のある子どもたちは、そういう内的統制の学習とより苦闘しながら、6歳をかなり過ぎても直接的な外的統制に頼っているという少なからぬ証拠を示しているということです。

　では、何がこれらの違いを生じさせるのでしょうか。また、どのような子育ての実践が、良心の急速な発達と関連するのでしょうか。シアーズらは、「同一化」の理論こそが、こうした問いかけに最もよく答えうると考えたのです。同一化についての説明は、以下の通りです。

　　我々は、社会的・情動的行動に関連して起こる学習を3つに識別できる。その1つは試行錯誤（trial and error）であり、2つは直接的教授（direct tuition）である。そして3つは、役割実践（role practice）といい、他者がすることを観察してから、あたかもその他者になったつもりになって他者のすることを実践し、そうすることにより新しい行為を発見したり、学習したりすることである。

　　この学習は単なる模倣とは異なる。役割実践の方は、子どもが他者の役割

を採用して、その役割においてその人がするのと全く同じように行為しようとすることを含んでいる。つまり、その子は模範となる行動の単なる一側面を模倣するのではなく、役割そのものを取るのであり、少なくともその瞬間において、それは、実際にその役割を占める人のものと子どもが判断する全ての感情や心構えや価値や行為を伴っている。

そこで、同一化というのは、このように子どもがあたかも他者の役割に就いているかのように行為する、という役割実践の方法を採用する時に起こるすべての過程のことを、ここでは指している。

「同一化」理論によれば、子どもは母親の愛情を確かめるために母親のすることを模倣し、母親の規準や価値を自分自身のものとして採用します。ですが、ここのところは、正確に言いますと、同一化の対象者には主たる世話人がなるのですが、アメリカ文化においては、それは（幼児の面倒を見るのは）通常母親です。ですから、男児も女児も始めの同一化の対象者は女性ということになります。このことは、女の子にとっては都合のよいことなのですが、男の子には問題があると、シアーズらは言います。

男の子は、普通の男性的なパーソナリティを発達させなければならないとするならば、いつか年齢の早い時期に男性的同一化へと移行しなければならないと考えられるからです。ここに、性差が生じてくる可能性があるというわけです。

「同一化」理論には、上述のような性差に関する仮説に加えて、次のように養育の仕方によって良心の発達ぐあいに差が現れるという仮説も用意されているのです。

　　［もし母親が、子どもの行動を賞したり罰したりする方法として、愛を表出したり差し控えたりすることを含む仕付け方に主に頼るならば、高いレベルの良心(2)は最も容易に発達するであろう。その反対に、特権の剥奪や有形の報酬のような物質的な方法をとる母親の子どもは、良心による統制をより緩慢

---

(2) 高いレベルの良心とは、後に出てくる良心の発達の程度を示す表6－1の4段階と5段階のものを指しています。

第6章 "まとめ"の前に知っておきたい「理論」と「説」

にしか発達させないであろう。その理由は以下の通りである。

　愛が報酬として用いられると、子どもは自分に愛がもたらされるよう行動することを学習する。母親は自分を子どもから引き離すような苦痛は避けるよう行動するが、子どもも母親と同様、そうしたことを起こさないよう行動するであろう（佐多の注：母親から引き離されることは子どもにとってもつらいことなので、母親から受け入れられるような行為の仕方を学ぶという意味）。

　他方、母親が体罰を用いれば、子どもは過ちを告白したり、或いは問われた場合、良くないことをしたと認めたりしたがらないのは、理解できることである。子どもは折檻（せっかん）を避けるために、隠れたり、逃げたり、或いは逆に歯向かったりするかもしれない。]

　以上のような仮説を持って実証的研究に臨んだシアーズらは、彼らのデータによって「同一化」理論の正しさを裏付けようとしています。それでは、以下にデータによる検証の部分を示しておきましょう。

（1）性差が見られるという仮説
　シアーズらは、性差があるという仮説のもとに、あらかじめ次のような予想を立てていました。――「誕生後6年目の男児は、女児が母親にするのより不十分にしか、父親を同一化していないだろうし、また、成人役割一般への同一化も女児ほどではないだろう。したがって、男児は、同一化される他の徴候と同様に、発達してきている証（あかし）である高いレベルの良心の現れが女児より低くなるだろう。」

　そして、この予想が正しいことを確認するための1つの作業として、"高いレベルの良心"の出現率を男女間で比較するのですが、そのデータを示す前に、"高いレベルの良心"とは何であるのかをここで見ておくことにしましょう。下の表は、良心の発達を5段階で示したものです。中央には、1・3・5段階にある子どもが示す特徴が記されています。そして、右側にはそれぞれの段階にあると判断された子どもの全体に占める％値が示されています。

145

表6-1 良心の発達の証左

1. まったく見られない：	子どもは隠れたり、（良くないことをしたと認めるのを）否定したりする。悪いことをしても不幸だとは感じない（悪いことをしたという感覚がない）。	13％
2. あまり見られない		28％
3. 中程度の発達状況：	直接告白することはしないかもしれない。しかし、なにかおどおどでいている。そして、問われれば、めったに否定はしない。	38％
4. かなり認められる：		17％
5. つよく認められる：	子どもは悪いことをした時、みじめな気持ちになる。そして、常に告白し、決して否定しない。さらに、許してもらいたいと強く願う。	3％
定かでない（不明）		1％

　そこで、改めて"高いレベルの良心"とは何かを確認しておきますと、それは、良心が発達していると「つよく認められる」段階と「かなり認められる」段階とを合わせたものを指しているのです。

　さて、それでは、先ほどの性差に関わる予測についてはどのような結果が出たのでしょうか。結果は次のとおりです。——"高いレベルの良心"の出現率は、女児の29％に対し、男児は20％しかなく、また、両性における等級付けの平均の差には、危険率3パーセント・レベルで有意差が認められたということです。

(2) 養育の仕方によって良心の発達に差が現れるという仮説

　シアーズらが立てた仮説はもう1つありました。それは、賞賛、孤独、愛情表現の差し控えといった愛に訴える方法と褒美、特権の剥奪、体罰といった物質的な刺激に訴える方法との間に生じる（と考えられる）良心の発達の差についての仮説です。その結果は次の表6-2に示された通りです。

　それでは、ここで、表の中で使われている難しそうな用語と表及びデータの見方について説明をしておきましょう。

　まず、「孤独にする」というやり方は、親は普段は子どもの側にいて子どもに寂し

第6章 "まとめ"の前に知っておきたい「理論」と「説」

表6-2　高いレベルの良心：両親がとった仕付け方との関連

両親	高いレベルの良心（を持つ）と評価された子どもの%	ケースの数
賞賛するというやり方をよくした	32%	181
r=.18		
同上のやり方はあまりしなかった	17%	192
孤独にするというやり方をよくした	29%	152
r=.00		
同上のやり方はあまりしなかった	17%	167
愛情表現を差し控えるやり方をよくした	27%	81
r=.09		
同上のやり方はあまりしなかった	24%	107
説諭するという方法をよくとった	30%	192
r=.18		
同上のやり方はあまりしなかった	16%	91
褒美をあげるという方法をよくした	20%	188
r=-.04		
同上のやり方はあまりしなかった	28%	181
特権を剥奪するという方法をよくした	18%	213
r=-.07		
同上のやり方はあまりしなかった	33%	156
体罰を加えるという方法をよくした	15%	175
r=-.20		
同上のやり方はあまりしなかった	32%	197

い思いをさせないよう気づかっているのですが、子どもが悪いことをした場合、親がそのことをとても悲しく思っているということを分からせるようにするため、子どもを1人にしておくようなやり方です。「愛情表現を差し控える」というのは、これも同様に、いつもは惜しみなく子どもに対して愛情を表現しているのですが、子どもが悪いことをした時は、親がそのことを悲しく思っている、或いは怒っているということをやはり子どもに知らせるため、愛情の表出をいつもより控えるというやり方です。「特権を剥奪する」というやり方は、家族の一員であるため、或いは親子の間であるため当然のこととして認めてきた特権をいきなり与えないようにすることです。例えば、「今日のおやつは無しです（おやつはあげません）」というのは、このやり方に入ります。

　つぎに、表の見方について説明します。実は、この表は、2つの養育方法（仕付け方）が対照されるようになっています。即ち、「説諭する」というやり方をはさんで、上に"愛に訴える方法"③群を、下に"物質的な刺激に訴える方法"④群を置いているのです。そして、また、一つひとつのやり方ごとで、「よくとった」場合と「あまりとらなかった」場合とでは、高いレベルの良心を持った子の％値に差が出ることが見られるようにしているのです。

　それで、結果はどう読めばいいのでしょうか。ここは、大切なところですので、上から1つずつ確認していくことにしましょう。

　では、まず、一番上の"賞賛"の方法について言いますと、そうしたやり方をよくとったという家庭では32％もの子どもが高いレベルの良心を持っていると判断されているのに対して、そうしたやり方はあまりとらなかったという家庭では17％しかいない、というように見ます。そして、これらの数値の間には明らかに統計的に有意な差があります（2つのグループ間の％値の差が統計的に有意な差であるかどうかはχ^2（カイ自乗）検定をすれば確かめられます）。

　二番目の"孤独"の方法についてもほぼ同様のことが言えますので、後の説明は

---

(3) これは、私の訳し方で、原文は love‐oriented techniques of discipline なので、"愛に方向づけられた仕付け方"としてもよいでしょう。
(4) これも、私の訳し方で、原文は material or physical techniques なので、"物質や身体的苦痛に方向付けられた仕付け方"としても結構です。

省くことにしましょう。

　三番目の"愛情表現の差し控え"についても説明の仕方は同じなのですが、ただこの場合はそうしたやり方をよくとった家庭とあまりとらなかった家庭との％値の差が小さく統計的な有意差はほとんど消えてしまうのですが、よくとったという家庭の方にかろうじて数値が高く出ています。

　真ん中にある"説諭する"というやり方は、原語はreasoningですから、直訳すれば"説得する"ことだと言えます。ですが、その相手が幼児であることを考えますと、このやり方は"教え諭す"としたほうが分かりやすいのかもしれません。シアーズらは、このやり方は、"愛に訴える方法"に結びつくものとして表の中に付け加えています。そして、この方法は上述の"賞賛"というやり方と同じくらい高いレベルの良心を育てるのに有効であるという結果が出ているのです。

　五番目の"褒美をあげる"というやり方については、今度は逆に、そうした方法をよくとったという家庭のほうがあまりとらなかったという家庭より高いレベルの良心を持った子どもの出る率が低くなっている（20％：28％）というように見ます。

　六番目の"特権の剥奪"については、そういう方法をよくとった家庭とそうでない家庭との間の差が著しくなっています。

　そして、最後の"体罰を加える"というやり方では、その差が最も顕著になっています。

　もう1つ、相関係数rで示されている数値の傾向についても一言しておきましょう。これは良心の発達段階とそれぞれの方法をとったかとらなかったかということとの間の相関を見ようとしたものですが、有意な差があると言えるほどの数値が示されているわけではありません。シアーズらもその辺のところは認めています。が、しかし、上の4つはプラスの値で出てきており、下の3つがマイナスの値で出てきていることは、大筋で自分たちの仮説を支持するものであると言うわけです。

　かくて、シアーズらは、仕付け方として"愛に訴える"方法をよくとる家庭では、子どもが高いレベルの良心を発達させやすく、"物質的な刺激に訴える"方法をよくとる家庭では（子どもの）高いレベルの良心は育ちにくい、という（彼らの打ち出し

た）仮説の正しさが立証されたと言うのです。

　ここまでが、良心の形成過程に関するシアーズらの理論の紹介ですが、以上の内容については全て、前掲書の第10章 The Development of Conscience を要約したものであることをお断りしておきます。

　さて、ここからは、この理論についての私のコメントを少し述べてみたいと思います。このシアーズらの後の心理学の研究は、柏木先生が指摘するように"同一化"理論を発展させる方向には向かいませんでした。そして、その流れを変えたのはシアーズの弟子に当たるバンデューラであり、その研究はモデリングへと向かっていったのです。[5]

　ですが、私はこの同一化理論に魅力を感じています。とは言え、良心の形成はほとんど誕生後の6年目から10年目までで決まってしまうというあたりの見解には異論があります。しかしながら、とても分かりやすいということと特に養育（仕付け）の仕方と良心の育ち具合との関連性の指摘は私を納得させるものがあります。

　この理論から学んだことで、私の体験で確かめたことを2つばかりここでお話してみたいと思います。私の長男が小学校に入ったばかりの頃です。私は当時特にトイレット・トレーニングにうるさかったわけではありませんが、子どもが外で遊んでいてぎりぎりになってトイレに駆け込み、よくトイレを汚していましたので、そのことを注意しておりました。ある日のこと、その長男が私のところに来て、「おとうさん、ごめん。僕、トイレを汚してしまった。許してちょうだい」ということを言いました。もちろん、私はそのことに気づいていたわけではありません。子どもと一緒にトイレに行って見てみますと、なるほどトイレは辺り一面びしょぬれです。私が知る前に自分の意志で謝りにきて、許してと言う息子。さすがに、この時は私も彼を叱りませんでした。代わりに、「今度から、おしっこが出たくなったらすぐもどってくるんだよ。そして、汚してしまった時はトイレット・ペーパか雑巾で拭いておけばいいからね」というようなことを言ったのを覚えています。また、その時、「よく

---

(5) 柏木恵子著『こどもの発達・学習・社会化』、有斐閣、昭和53年、pp. 120～124。

教えてくれたね」と褒めた記憶もあります。

　上のような場面での息子の行為には、「告白し、許しを乞う」という（シアーズらが言う）良心の徴候と重なるものがあったのではないかと思った次第です。

　もう1つは、教え諭すというやり方の有効性に関連する出来事です。これも、長男にまつわる話です。これは、我が家が山形に来る前のことで、共働きだったため、私は息子（4歳頃）を保育園に送り迎えすることがよくありました。ある日のこと、私が迎えに行きますと、女の子が側にやって来て「おじちゃん！　○○ちゃん（息子のこと）、私のことぶったよ！」と訴えます。息子に聞いてみますと、「僕が悪いんじゃない」というようなことを言います。そこで、「でも、○○は、◎◎ちゃん（その女の子）のことをぶって泣かせたんでしょう！　◎◎ちゃんに"ごめんなさい"って謝りなさい！」と私は言います。ぶったことは認めても自分は悪くないと言い張るうちの息子。「○○は悪くないって言うけど、◎◎ちゃんはお前にぶたれてとても痛かったんだよ。それで、泣いたんだ。◎◎ちゃんはお前のことをぶってないでしょう？　◎◎ちゃんに謝りなさい！」それでもしぶる息子。それではと、「◎◎ちゃんはぶたれて痛かったの。○○は痛くて悲しかった◎◎ちゃんの気持ちが分からないわけね。それじゃ、◎◎ちゃんの代わりにお父さんが○○のことをぶってやろうか？」と、私はゆさぶりをかけます（考えさせるために言っているつもりでしたので、自分では脅しとは思っていません）。息子は困った顔をしてしばらく考えていましたが、目に涙をにじませながら、「◎◎ちゃん、ごめんね」と謝りました。女の子はそれを聞くと向こうの方に行ってしまいました。私は、強制執行をしなくてすみましたので、内心ほっとしました（昔のことを思い出しながら書いていますが、私は長男のことを叩いた記憶はほとんどありません）。

　場面が違いますが、次男にも自分のした行為がなぜ悪いのかを言い聞かせようとして、子どもにとっては難しい言葉なども使いながら叱った記憶があります。しかし、たとえ難しい言葉が入っていたとしても親が真剣になって子どもに事の善し悪しを訴えるならば、結構それは子どもに通じるものだ、と私は経験から考えております。

　上のような例が"教え諭す"という中に入るかどうか確信があるわけではあり

ませんが、子どもに間違っていることを自覚させるため子どもの考えに訴えるというやり方は、いい方法だと思います。

最後に、"意味ある他者"理論との関連性について、触れておきましょう。「同一化」理論では、子どもは同一化する他者になったつもりでいつの間にかその他者が持つ価値規準を取り入れることになるのですが、"意味ある他者"理論では、子どもは"意味ある他者"から投げかけられた期待に応えようとする過程の中で大人の価値規範を取り入れます。無意識的か意識的かというような違いがあるかもしれませんが、いずれにしても大人が持っている規準や規範が子どもの方に取り入れられるというところは共通しており、そこが大切なポイントになります。

2. マートンの「予言の自己成就」説

1章で、マートンの「予言の自己成就」説に少しだけ触れました。私がそこにマートンを登場させたのは、彼が打ち出したその説の示唆するところに従い、"子どもの可能性をもっと信じ、その可能性を引き出すような働きかけや関わり方をしていけば、学校も家庭も教育に成功するだろう"ということを言いたかったからなのです。

それでは、教育の分野でも使える有用な理論と見なされるようになった「予言の自己成就」説を、これより、もう少し詳しく説明していくことにいたしましょう。なお、この説については、私が『パイデイア第7号』で取り上げていますので、その論文をそのままの形で以下に紹介することにします。

> R・K・マートンの「予言の自己成就」説は、アメリカの社会学者W・I・トーマスの公理をより具体的に強調したものである。トーマスの公理とは「もしひとが状況を真実(リアル)であると決めれば、その状況は結果においても真実(リアル)である」というものであるが、マートンはそれについて「この公理は、ニュートン流の公理ほど適用範囲が広くもなく、また正確でもないが、しかしそれに劣らない重要性をもっている。つまり、それは大部分とまではいかなくとも多くの

第6章 "まとめ"の前に知っておきたい「理論」と「説」

社会過程に対して適用できて、しかもそれから得るところが多いのである」と評している。そして、この公理はわれわれに次のことを思い起こさせるという。

「人間は単に状況の客観的な諸特徴に対して反応するだけでなく、自分達にとってこの状況がもつ意味に対しても反応するものであり、しかも後者に対する反応の方が、時には主となるということを。そして、一度人々が何らかの意味をその時の状況に附与すると、続いてなされる行動やその行動の結果はこの附与された意味によって規定されることになる。」

マートンは、この道理を理解させるための具体的な事例の1つとして、ある破産した銀行の話をしている。それは、比較的健全な資産をもつ銀行が、支払い不能との噂を立てられ、相当数の預金者がそれをまことだと信ずることによって、本当に支払い不能の結果に陥ったという話である。この社会的寓話はわれわれに"世間の人々の状況規定(予言又は予測)がその状況の構成部分となり、その後における状況の発展に影響を与える"ということを教えてくれるが、こうしたことは人間界特有のことで、人間の手の加わらない自然界ではみられないと、とマートンは言うのである。そして、そうした自己成就的な予言のパターンは極めてありふれたものであると言い、その例として、試験ノイローゼで"きっと失敗するにきまっている"と思い込んで実際にそうなる場合や、或いは、"二国間の戦争は不可避である"と信ぜられて実際にそうなってしまう場合にも言及している。

かくして、マートンは言う。「自己成就的予言とは、最初の誤った状況の規定が新しい行動を呼び起こし、その行動が当初の誤った考えを真実なもの(リアル)とすることである」と。(以上、マートン『社会理論と社会構造』より)

C・E・シルバーマンは、マートンの「予言自己実現」説を"ほとんどのとは言わないまでも多くの場合、人間は自分に期待されていることを行う傾向があり、実際その傾向が非常に強いので、過大な期待さえもが、それらしき行為を引き出しかねない"ということをいう説であると紹介し、学校を失敗に導くものは何かということの答えをマートンがこの説の中で示唆したと述べ

ている。シルバーマンの見解は、教師の期待が生徒の成績及び行動に絶大な影響を与えることができるし、事実与えている、というものである。シルバーマンのこの脈絡における貢献は、予言自己実現は、否定的な方面と同様肯定的な方面にも作用するとし、学校における実際例(失敗例及び成功例)を豊富に提示していることである。(シルバーマン『教室の危機 上』を見られたし)

心理学の分野でいう「ピグマリオン効果」というのも、マートンの「予言の自己成就」説の文脈で説明可能である。ローゼンタールらが小学生を対象にして行った知能検査の実験で有名であるが、ピグマリオン効果とは「教師が生徒の現在または将来の学業や行動についてある期待をいだくと、教師はその期待を実現するようなやり方で行動するようになり、その結果、生徒の学業達成度などが教師の期待に近づくことがある。このような期待のもたらす効果のこと」をいう(下中邦彦編『新教育の事典』平凡社)。

教師や親など、子どもにとって重要な位置にいる者から期待されていないと思う子どもの方が、期待されていると思っている子どもより望ましくない社会的行動をとりやすいことは、容易に想像しうることである。その一例を私たちが1982年11・12月に山形市近辺の小・中学生を対象として行った調査の結果によって見てみよう。それによると、学校の先生から期待をかけられていると思う子どもは、誰かよその子どもがいじめられているような場面に出合った時、積極的にいじめ行為を中止させようとする率が高くなっている(現実場面：小学生50％、中学生53％。想定場面：小学生67％、中学生51％)のに対して、期待されていないと思う子どもは、(現実場面)「自分とは関係ないことなのでなにもしなかった」(小学生39％、中学生67％)或いは(想定場面)「こわいからだまっている」(小学生69％、中学生72％)という者が多くなっているのである。

このように、子ども達にとって、重要な位置にいる人から期待されることは極めて大切なことであり、それはいわば教育の出発点でもある。だからこそ、子どもへの働きかけ手の中心となるべき教師や親が、子どもにとっての

第6章 "まとめ"の前に知っておきたい「理論」と「説」

意味ある他者となり、正しく期待することが必要なのである。
【拙稿「青少年の非行について—序論的考察・その3（一応のまとめ）—」、『パイデイア第7号』、1984年】

以上の小論を分かりやすくするために説明を若干加えます。まずは、破産した銀行の話についての件から。今日ではどの銀行も資本主義社会の経済運営の一端を担っていますから、国が保護したり、或いは銀行が自ら事件や災難に備えて保険をかけたりしていますので、そう簡単につぶれたりはしません。マートンが例として出している銀行の話はずっと前（1930年代）のアメリカでのことだと思って下さい。ある銀行は、その資産の大部分は少しの水増しもなく、いつでも現金支払いにあてることができました。ところが、ある時「あの銀行、経営が危ないんだってよ」というような噂をたてられたのです。噂ですから、「ああ、そうなの」というぐらいに多くの人がそれを聞き流せば何もその銀行には問題がおこらなかったのです。が、多くの預金者がその噂を信じたため、預けてあるお金を引き出せなくなる前に早くおろそうと銀行に殺到したのです。では、相当数の預金者が預け入れを引き出そうとして、同時期に銀行にやって来たらどういう結果になるのでしょうか。銀行にはそれだけのお金がいつもおいてあるわけではありません。なぜなら、銀行は利潤を多く生み出すところへ融資したり、投資したりしていますので、預かり金全額が手許にあるわけではないのです。こうして、その銀行は噂を信じた多くの人が長蛇の列をつくり、お金をおろしにきたために本当に支払い不能となったのです。この話をマートンの概念規定に合わせてみますと、次のようになります。「あの銀行は危ないだって！」という噂が、"最初の誤った状況の規定"に当りますが、それが「多くの人がその噂を信じ、銀行の前に立ち並ぶ」という"新しい行動を呼び起こし"、その結果、"その行動が当初の誤った考えを真実なもの（リアル）"としてしまった、ということです。

つぎの、試験ノイローゼで"きっと失敗するにきまっている"と思い込んで実際にそうなってしまう場合について、マートンは以下のように説明しています。「試験ノイローゼの場合を考えてみよう。きっと失敗するにきまっていると思い込んでし

155

まうと、不安な受験生は勉強するよりも、くよくよして多くの時間を浪費し、いざ試験にのぞんでまずいことになる。最初の誤った不安は、いかにももっともな不安に変形してしまう。」確かに、試験日が間近に迫っているのに十分な準備ができていない場合は、誰でも不安になります。ましてや、ノイローゼになっていれば、その不安感はさらに強く、「ああどうしよう、どうしよう」と思い悩むばかりで勉強が手につかないということになるでしょう。そうした光景は日常的に見られることだとマートンは言うのです。

　"二国間の戦争は不可避である"と信ぜられて実際にそうなってしまうという例についても、マートンの説明を見てみましょう。「二国間の戦争は"不可避である"と信ぜられている場合がある。この確信にそそのかされて、二国の代表者達の感情はますます疎隔し、お互いに相手の攻撃的動きに不安を抱き、自分も防衛的動きをして、それに応ずることになる。武器、資材、兵員が次第に大量に貯えられ、あげくには戦争という予想通りの結果をもたらすのである。」これも歴史を見れば明らかだと思います。また、かつて、東西の冷戦時代に、フィクションではありますが、お互いに疑心を抱いていたアメリカとソビエトの両陣営の間でついに核戦争が引き起こされてしまったというような映画が制作されました。それは、そんなことになったら人類は本当に滅亡してしまうので、そうならないことを願い警鐘をならすために作られたのだと思います。それが、起こりえない全く馬鹿げた空想であるとは思えないからこそ、多くの人々がそれらの映画を見たのではないかと私は思っています。

　シルバーマンは、マートンの「予言の自己成就」説を教育の世界に取り入れ、それがマイナスの方向に働くだけでなく、プラスの方向にも働くことを例示したのです。マートン自身が例示したものは、上に示したようにマイナスの方向の予言が実

---

(6) マートン『社会理論と社会構造』、みすず書房、1961年、p. 384。
(7) 同上書、p. 384。
(8) 「渚にて」や「ザ・デイ・アフター」などがあります。特に、前者では、本当は全く関係のない第三国が誤って飛ばしてしまったミサイルをレーダーでとらえ、東側陣営がついに先制攻撃に踏み切ったと早とちりした西側陣営が、ミサイルをモスクワめがけて発射すれば、今度はソビエトが同じように判断し第三次世界大戦が勃発するという設定になっていたような気がします（何しろ古い記憶なので、間違っていたら、ごめんなさい）。

第6章 "まとめ"の前に知っておきたい「理論」と「説」

現してしまうという類のものでした。そのようなわけで、私が『パイデイア』誌の中で、「シルバーマンのこの脈絡における貢献は、予言自己実現は、否定的な方面と同様肯定的な方面にも作用するとし、学校における実際例（失敗例及び成功例）を豊富に提示していることである」と述べているのです。

それでは、シルバーマンが挙げているマイナス方向の例（失敗例）にはどのようなものがあるのでしょうか。その一例だけを以下に示しておきましょう。

「私（佐多注：ハーバート・コールというゲットーの学校で教師をしていた人のこと）は教師たちの会話の仲間に入り、彼らが子どもたちを非難するのを聞いていた。だが次第に私は教師の食堂に入っていくことに耐えられなくなった」—（略）—「しばらくすると"動物"という言葉は、私にとって、ゲットーの子どもたちに対する多くの教師のあいまいなあり方（さげすみながら恐れ、恩着せがましく振舞い、ある潜在的な力を認めながらいつどうなるかわからないという不安をもつ）を象徴するようになった。私は自分自身にもこういう傾向をいく分か認めたが、子どもたちについて言われている、恐るべき特性を口に出したり、最後の原始的武器としてそれを授業中に使ったりすることによって、自分の恐れとあいまいさとを打ち消すような、悲しむべき段階にはいたらなかった。

"やつら""こういう子どもたち""動物"というような言葉が使われる話は、すべて哀れむべきそして唾棄すべきものだった。私は、前に私が教えていた学校から来た１人の教師のことを思い出した。彼は南部出身の白人で、善意にあふれ、これといった偏見は持っていなかった。彼は最初の学期の大部分、子どもたちの関心と愛情を得ようと戦った。彼は子どもたちが彼の言うことをきき、彼に反応し、彼から学びとってほしいと願ったが、子どもたちの言うことをきき、彼らに応え、彼らから学びとろうとは考えなかった。子どもたちはいつまでたっても反応せず、むっつりとさえしていた。彼らは学ぶことを拒否し、彼のみせかけの善意をあざ笑い、彼の堪忍袋の緒が切れるところまで彼をためした。

ある日、激怒と苦悩のうちにすべてがあらわになった。『動物、きみたちは動物だ。野生のけだものだ。きみたちみんながそうだ。きみたちは動物になることしかできないのだ』生徒たちは遂にその言葉をきいた。そして解放されたような気持ちになった。彼らの疑いが確かなものになったのである。彼らは静かに、一斉に立ちあがり、わなにかけられ、怒りに燃えた教師のまわりをゆっくり取り囲みはやしたてた。『俺たちはけもの。俺たちはけもの。俺たちはけもの……』彼らははやし続けた。ベルがなり、呪文はようやくとけた。子どもたちは、落胆し混乱した男をあとに残し外にとび出した。男は自分は今まで何をして来たのだろうかと思いながら、自分はいつも誠意をもってあたってきたのだが、"彼ら"にはそれが届かなかったのだと固く信じていた」[9]

　上の話は、ゲットー（少数民族の居住するスラム街）にある学校での苦悩に満ちた経験を綴ったある教師の報告書を、予言が自己実現していく過程を如実に示す資料としてシルバーマンが紹介しているものです。この地区では、（日本で言う）指導主事（に当たる人）が新任の教師に決まり文句のように告げる言葉があるのだそうです。それは、子どもたちを動物のように扱え（彼らを教育せよというよりむしろ訓練せよ）という忠告です。指導主事のそうした比喩的指示が新任教師によって信じられ、その方向に向かって誤った期待が実現していく様をシルバーマンは告発しているのです。

　つぎに、プラスの方向へ向かう例も上げておきましょう。

　　実例／フィンレイ小学校の二年生の教室。部屋に入ると、参観者は大きな掲示に目を奪われる。それはまず次のように始まっている——
　　私たちは写真屋さんに写真をとってもらいました。
　　彼女はカメラを使いました。
　　自分を見てあなたはどう思いますか。

---

(9) C・E・シルバーマン著／山本　正訳『教室の危機　―学校教育の全面的再検討　上』、サイマル出版会、1973年、pp. 93〜94。

第6章 "まとめ"の前に知っておきたい「理論」と「説」

　その下に答えがある――
「かわいい(Pretty)」とヨランダは言いました(この文の横に彼女のスナップがはってあった)。
「すてきだ(Nice)」とケイスは言いました(横に彼のスナップ)。
「ハンサム」とアルビンは言いました(横に彼のスナップ)。
このように、それぞれの生徒の写真と自己評価が続いている。この写真と言葉の掲示の下にこんな問いがあった。「私たちがどう見えるかを表わすのにどんな言葉を使っていますか」
　　魅力的(attractive)、愛らしい(lovely)
　　かわいい(pretty)、チャーミング(charming)
　　ハンサム(handsome)、キュート(cute)
　　すてき(nice)、美しい(beautiful)[10]

　これが、予言がプラスの方向へ向かって実現されている例の一つとして紹介されているフィンレイ小学校についての文章です。"なんだ！ それぐらいのことしかやってないのか"と思われる方がいるかもしれません。しかし、そうではありません。ここにはこの学校の成功の秘訣が示されているのです。情報をもう少し補足しましょう。この小学校はニューヨークのハーレムにあるのですが、生徒の学業達成率は全市および全国の標準と比べて同等か或いはそれを凌駕しているとのことです。ここの生徒は、少数民族の子が多く(黒人89％、プエルトリコ人10％、残りの1％が白人)、下層階級の子ども特有の社会的ハンディキャップと認識力不足を負って入学してきます。そうした環境の中にあって、この学校は、上述のような成功をおさめているのです。シルバーマンは、その実績を示すため、この学校の最近の一年生を引き合いに出しています。その学年の子は、入学当初は、読みのテストですべての子が全国平均を下回っていたのですが、その学年末の進歩テストでは四分の三をかなり上回る数の子どもたちが全国平均を越える得点を取ったというのです。こう

(10) 同上書、p. 111。

した驚くべき成果はいかにして達成されたのだろうかとシルバーマンは問いかけます。そして、その答えを校長のマーサ・フローリック女史の教育姿勢に見いだしているのです。彼女の真の目的は、自分たち自身に、また自分たちの学校に対して誇りを感じる生徒たちを育てることだと言います。そして、読みはこの目的にとって重要な手段となります。しかし、読みだけが自尊心をつちかう唯一の方法だとは、彼女は思っていません。そこで、彼女は、参観に来た人たちに、次のことをいそいでつけ加えるのだそうです。生徒たちは、ハーレム病院後援による全ハーレム美術コンテストのすべての賞をとり、全市園芸コンテストでは3つの賞を獲得したのだと。そして、その後さらに彼女は言うのだそうです。「学校は、笑ったり、踊ったり、歌ったり、楽しんだりする場所であるべきです」と。(以上の補足は、同上書の pp. 108〜111から引用)

こうした、彼女の姿勢が、参観者の目を引く前述の大きな掲示となっているのです。

それから、余計なことかも知れませんが、この校長先生の社会的出自や属性が他の校長と特に変わっていることはないとシルバーマンが断っていることをここで紹介しておきましょう。彼女もニューヨーク市の校長の典型で、白人・ユダヤ人・中流階級出身だということです。とすれば、やはり大切なのは、校長の教育に対する姿勢(或いは教育観・子ども観)だということができるでしょう。

この学校が成功している状況を、「予言の自己成就」説の視点から解釈すれば、ここでは校長(及び校長の指導の下に教職活動を展開する教師たち)が1人ひとりの生徒に対して投げかけた期待が現実のものとなってきているのだ、と言うことができるでしょう。

「ピグマリオン効果」という言葉はよく聞きますので、「予言の自己成就」説より知っている人は多いかも知れません。ピグマリオンとは、ギリシャ伝説に出てくるキプロス島の王のことですが、その王が象牙でつくった女性の像に恋心を抱いたところ、その像に生命が吹き込まれたといいます。その神話にちなんでできたのが、「ピグマリオン効果」という言葉なのです。恋する一念が像に命を宿らせたという奇跡の話から転じて、人があることを願いそうなることをひたすら信じて行動すれば、その願いが叶うというような意味で使われているのです。私は、教育の世界に

おいては、人の善性や潜在的可能性をどこまでも信ずるという姿勢はなくてはならないものだと思います。

『パイデイア』誌の中の「ピグマリオン効果」についての説明では、どちらかと言えば教師が生徒に対して抱く期待が大切であり、そこにウェイトが置かれているように読めますが、実はそれは生徒側の意識の方にウェイトをかけて読みかえることができます。それはどういうことかと言いますと、生徒の方にしてみれば、いつになく一生懸命教えようとしている教師の姿が目の前にあるわけです。そして、「君たちはできるんだ。だから、これから教えることはきっと分かるし、テストでもいい成績がとれるはずだ」と生徒たち(の力)を信じながら働きかけてくる教師がいるのですから、その期待に対しては応えなくてはならないという気持ちが生徒たちに起こってくるはずです。それが、今までより真剣になって授業を聞こうとし、もっと勉強してから試験に臨もうとする意欲につながってくるのです。このように、「期待をかける」行為と「期待に応えようとする」行為はともに社会的な行為であって、それらが呼応しあった時、「ピグマリオン効果」が生まれてくるのです。そして、このような関係の中で(前の方の章で見てきたような)子どもにとっての"意味ある他者"となる教師も生まれてくる可能性があるのです。

ですから、「予言の自己成就」説も、「ピグマリオン効果」も"意味ある他者"理論と密接な関連をもっているのです。

小論の次の段落は、調査結果の提示の仕方が不十分なためとても分かりにくくなっていました。そこで、ここでは同じ質問の同じ場面で、教師から期待されていると思っている子と期待されていないと思っている子とを比較する形で、結果を見てみましょう。

まず、調査票の質問文を紹介します。「あなたは、今の学年になってから、誰かよそんちの子がいじめられているのを見たことがありますか」というのがはじめの質問です。この質問には、「はい、あります」と「いいえありません」という回答が用意されています。そして、「はい、あります」と答えた子に対しては、「いじめられているのを見たとき、あなたはどうしましたか。(一番多くしたもの1つだけに○をつけてください)」という質問を追いかけてします。この質問に対する回答のために用意

した選択肢は、「ちゅういしてやめさせようとした」・「だれかをよびにいった」・「こわくなってにげた」・「なかまにはいって、いっしょにいじめた」・「じぶんとはかんけいないことなので、なにもしなかった」・「そのほか」というものでした。これらはいずれも、ほかの子がいじめられているのを実際に見て、その時どのような行動をとったのかを示しています。そのようなわけで、これらを"現実場面"と小論では言っているのです。

　「いいえありません」と答えた子に対しては、次のような場面を考えてもらいました。

　「こわい上級生がクラスのよわい子をいじめていました。……そんなとき、あなたならどうしますか。つぎのうち、ぼく（わたし）ならこうするだろうと思う気持ちに近いほうどちらかに〇をしてください。」そして、この設問に対しては、2つ（「こわいからだまっている」、「"よしなさい"という」）のうちどちらかを選ぶ回答を用意したのです。こちらは、実際ではなく、もしそのようなことに出会ったらという仮定の場面について聞いていますので、"想定場面"と小論では言っています。

　それでは、これから上の補足説明を踏まえて、小論で示した文章を書きかえてみます。（「それによると……」のところから入り、「ます・です」調に変えていってみましょう。）

　　それによりますと、学校の先生から期待をかけられていると思う子どもは、期待されていないと思っている子より、誰かよその子どもがいじめられているような場面に出合った時、積極的にいじめ行為を中止させようとする率が高くなっています。その数値を具体的に示しますと、小学生の場合は、「ちゅういしてやめさせようとした」子は、期待されていると思う子（84人）では50％もいるのに対して、期待されていないと思っている子（115人）では31％しかいません。また、中学生の場合、その数値は、期待されていると思う子（30人）では53％にものぼるのに、期待されていないと思っている子（27人）では僅か9％にしかなりません。

　　これとは反対に、同じ場面で、「じぶんとはかんけいないことなので、なに

もしなかった」という子は、小学生では、期待されていると思う子では18％しかいないのに、期待されていないと思っている子では39％もいるのです。また、そうした行為は、中学生の場合、その差はさらに大きくなり、数値はそれぞれ27％、67％となっているのです。

　上のような実際の場面ではなく、補足で示したような仮定の場面ではそれぞれのグループの子どもたちはどのように答えているのでしょうか。こちらの場合も、結果は同じ傾向を示しています。即ち、小学生の場合、期待されていると思う子（24人）は、67％が「"よしなさい"という」と答えているのに対して、期待されていないと思っている子（48人）は、そう答えるのは31％しかいません。そして、それとは反対に「こわいからだまっている」と言う子が、期待されていると思う子では33％しかいないのに対して、期待されていないと思っている子では、69％もいるのです。

　中学生の場合は、期待されていると思う子（47人）は、51％が「"よしなさい"という」と回答していますが、期待されていないと思っている子（51人）ではそう答えているのは28％しかおりません。「こわいからだまっている」という回答は当然ながらその反対の数値となって現れており、期待されていると思う子では49％ほどなのですが、期待されていないと思っている子では、なんと72％までに達するのです。

以上のデータが物語っておりますように、学校の先生から期待されていると思えるかどうかは、小・中学校の生徒たちにとっては重要な意味をもっており、それは子どもたちが社会的に望ましい行動がとれるかどうかの分岐点にもなりうると、私は言いたいのです。

---

(11) 小学生の場合、「期待されていると思うか」という質問は難しいので、別の聞き方をしました。「あなたのことやあなたのすることを」——「いろいろと楽しみにしてくれている」・「あまり気にかけてくれない」というような表現で設問と回答を用意しました。正式な設問の仕方が、後ほど、"まとめ"の章で、母親からの被期待の項目として出てきます。

第 7 章

まとめ：子どもと関わるための基本的視点

この章では、2つのことを述べて本書を締めくくりたいと思います。始めの1つは、1章で示したことを改めて確認することと、他の章で触れてきたことと関連して、子どもの人間形成を図る上で私が大切であると考える事柄を指摘することです。そして、残りの1つは、子どもを育てていくときに配慮しなければならない"意味ある他者"理論以外の重要な知見の紹介です。現在の、子どもが育つ社会・環境の中には、子どもの健全な成長を阻害するようなものが沢山存在します。どのようなものが危険なものであるかを読者の皆さんに知っておいてもらいたいのです。そのような訳で、この残りの方は本書のメインのテーマではありませんが、これにも目を通しておいてほしいのです。

1. 家庭教育の基本的視座

　子どもが生まれてきて濃密な人間関係を結ぶところは、普通は家庭です。ですから、子どもと関わるための基本的視点を語るためには、まず家庭における大人の子どもへのかかわり方や働きかけ方を見ていく必要があります。そこで、ここでは、少し改まって家庭教育の意義について語るところから始めたいと思います（ただし、これから述べることの大方は、既に私が別の書籍のある章で著したことをアレンジしながら使用していくことを予め断っておきます[1]）。

　かつて、家庭は子どもの教育を行う中心的な機関でした。ところが、近代公教育制度が確立され、学校が整備されるようになりますと、子どもを教育するという営みの中心は学校に移されて行ったのです。しかしながら、このように教育機能を果たす中心の場が、家庭から学校へと移っていったといいましても、今日、家庭における教育の重要性が希薄になってきている、ということは決してないのです。

　確かに、子どもが現代社会で1人前の社会人（とりわけ職業人）となるため、必要な知識や技術や価値観の多くを身につけることに果たしている学校の役割は大きいのですが、子どもの人格形成や生活における基本的な行動様式の習得など、人間形成上のきわめて重要な部分にかかわる家庭教育の役割の重要性は、昔と比べても、

---
[1] 拙著「家庭教育・婦人学級・母親教育」、深谷昌志・上野辰美編著『社会教育学』、コレール社、1987年、より。

第7章　まとめ：子どもと関わるための基本的視点

少しも減少してきてはいないのです。

　家庭における教育には、親が子どもに意図的に働きかけて物事を学習させる部分と、子どもが家族の中の年長者（普通は両親、時に拡大家族における祖父母、あるいは兄や姉など）を「同一化」（「同一化」については前章で紹介しましたが、そこでも述べましたように、「同一化」理論は現在心理学の分野ではあまり重んじられていません。代わって重視されているのが「モデリング」理論ですが、本書では"意味ある他者"理論との関連性を考慮しつつ、「同一化」理論の考え方を採用していることを断っておきます）したり、"意味ある他者"として捉えたりして、その人たちの行動様式や考え方を学習していく部分とがあります。

　家庭における教育の中で、このどちらの部分を進めるにしても、親として心がけたい大切なことは、親が子どもにとっての"意味ある他者"となりうるよう常に努力し、そして子どもに対して正しく期待していくことです。

　子どもの良心や道徳性の発達に関して、この"意味ある他者"の存在は重要です。なぜなら、子どもの良心の形成過程には、"意味ある他者"の存在が不可欠だからです。

　このことは、既に1章で述べ、さらに前章でも触れましたが、私が一番強調したいところでもありますので、もう一度繰り返しておきましょう。即ち、良心は子どものことを大切に思い要求を課す、親のその期待に子どもが応えようとする過程の中で形成されるのです。道徳性の発達についても同様で、子どもがどのような社会規範を、どの程度内面化しうるかという問題についても、子どもにとっての"意味ある他者"が、子どもにどのような社会的価値を優先的に志向してほしいと期待するか、ということにかかわってくるのです。

　ですから、家庭における教育にあっては、親が子どもにとっての"意味ある他者"として存在し続け、子どもに正しい期待を寄せることが大切なのです。

　それでは、「正しい期待を寄せる」とは、どういうことを意味するのでしょうか。それについてはまだ明確な説明をしていませんでした。そこで、この言葉で私が何を言いたいのかを、ここで、明らかにしておきたいと思います。

　私が「正しく期待する」とか「正しい期待を寄せる」とか言っていることは、子ど

もの人格をあるがままに受け入れ、子どもの人格の全面発達を願うような期待をすることを意味しています。今日のように能力主義や競争主義が蔓延する歪んだ社会の中で、勉強やスポーツなど、社会的に認められた領域であるとはいえ、そこで他の子どもより少しでも良い成績をとることを至上とするような期待のしかたは、その子の望ましい人格の発達を促すとは考えられません。こうした期待のしかたは、子どもがその期待に応えられるうちは、あまり問題が顕在化しませんが、その期待に応えられなくなった時には、その子どもの健全な自我が崩壊する危険に晒されるからです。そうではなく、その子の人格の中にある良さを認め、そうした良さを引き出したり、さらに引き伸ばしたりするような働きかけをし、そうしたかかわりの中で、その子の成長や発達を心待ちにするという期待が、子どもにとっては必要なのです。

　子どもにとって重要な位置にいる親から期待されていないと思う子どもの方が、期待されていると思っている子どもよりも、望ましくない社会的行動をとりやすいことは、「意味ある他者」理論から容易に推測されます。1982年に山形市近辺の小・中学生を対象として、筆者らが行った調査の結果によって、その一例を見てみましょう。表7－1、表7－2は、いずれも小学校3・5年生について、母親からの被

表7－1　母親からの被期待の程度と公共心
（公共の場を汚さぬよう心がけるか）

		設　問　2	
		そのへんにポイと捨てる	あきカン入れやゴミ入れなどのすて場所が見つかるまでもち歩く
設問1	いろいろと楽しみにしてくれている（221人）	31.7%	68.3%
	あまり気にかけてくれない（57人）	50.9%	49.1%

設問1：（あなたは、おかあさんからどのように思われていると思いますか。あてはまるほうに○をつけてください）
　　　　おかあさんはあなたのことやあなたのすることを……
設問2：（つぎのような場合、あなたならどうしますか。ぼく（わたし）ならこうする、あるいはこうするだろうと思うほうに○をつけてください）ジュースをのんであきカンをすてようとしたら、近くにあきカン入れやゴミ入れがありません。そのときあなたなら……

表7－2　母親からの被期待の程度と公共心
(いじめ場面に遭遇した場合の対応)

		あなたは、今の学年なってから、誰かよそんちの子がいじめられているのを見たことがありますか							
		「はい、あります」と答えた子に対して、さらに設問3［現実場面］						「いいえありません」と答えた子に対して、さらに設問4［想定場面］	
		注意してやめさせようとした	誰かをよびに行った	怖くなって逃げた	仲間に入って一緒にいじめた	自分とは関係ないことなので、何もしなかった	そのほか	怖いから黙っている	「よしなさい」と言う
設問1	いろいろと楽しみにしてくれている	44.0% (66人)	12.7% (19人)	2.7% (4人)	2.0% (3人)	28.7% (43人)	10.0% (15人)	54.0% (34人)	46.0% (29人)
	あまり気にかけてくれない	26.1% (12人)	8.7% (4人)	15.2% (7人)	8.7% (4人)	37.0% (17人)	4.3% (2人)	72.7% (8人)	27.3% (3人)

設問1は表7－1に同じ
設問3：いじめられているのを見たとき、あなたはどうしましたか。(1番多くしたもの1つだけに○)
設問4：怖い上級生がクラスの弱い子をいじめていました。……そんな時、あなたならどうしますか。つぎのうち、ぼく(わたし)ならこうするだろう思う気持ちに近いほうどちらかに○をしてください。

期待度と公共心とのクロスをとったものです。

　表7－1を見ますと、「母親が自分のことや自分のすることをいろいろと楽しみにしてくれている」と思う子のほうが、「あまり気にかけてくれない」と思っている子よりも、公共の場を汚さないように心がける率が高くなっていることがわかります。また、表7－2からは、他の子がいじめられている場面に出合った時、母親から期待されていると思っている子のほうが、そうとは思っていない子より(実際にそういう場面に出合ったという現実場面でも、その学年になってからまだ出合っていないが、もし出合ったとしたらという想定場面でも)、望ましい行動をとる傾向が多いことがわかります(なお、これらのことについて、同調査では、小学生の父親からの被期待の場合にも、また中学生について見た場合にも、ほぼ同様の傾向が現れてい

たことを報告しておきましょう)。
　このように、子どもにとって親から受け入れられ期待されていると思えることは、その子らの人格形成に深く関わっていると判断していいでしょう。だからこそ、親は子どもにとっての"意味ある他者"となるよう努めなければならないのです。そして、子どもの中にある潜在的可能性の芽吹きを楽しみにするという姿勢が必要なのです。

2. 子どもの幼児期・少年期に心がけたいこと

　子どもが小さい時、親が子どもとの関わりで特に心がけたいことが2つあります。1つは子どもが自律的な行動をとれるよう励ましたり援助したりすることです。2つは子どもが楽しみにすることに付き合うことだと思います。このお付き合いは親も楽しめればなおよいでしょう。
　自律的な行動と見なされる最も顕著なものは、おむつを外せるようになるということでしょう。もちろん、その前に、ねがえり・はいはい・つかまりだち・よちよちあるきといった連続する発達の過程があり、その1つひとつが自律の度合いを高めていくものなのですが、おむつを外してパンツをはくということは子どもの行動範囲を一挙に拡げます。そしてその後、衣服を1人で着たり脱いだりするなど子どもの身辺処理能力は飛躍的に高まっていきます。これに合わせるようにして親の方の仕付けや基本的生活習慣を身に付けさせようとする働きかけが行われます。が、こうした一連の自律の過程がなめらかに進んでいくためには、子どもがまだ出来ないところには親の世話が届くようにしてあげなければなりませんし、できるようになっていく、或いはより高度の行動を獲得していく過程では温かい励ましが必要なのです。そのためには、いつも近くでそっと見守る大人がいてくれるとよいですね。
　この頃の子どもとの日常生活の中での関わりは非常に大切です。例えば、子どもと一緒にお風呂に入り、頭や体を洗うことを子どもが自分でできるようになるまで子どもにお付き合いすることは親にとっても楽しいことでもありますし、子どもにとっては発達課題を少しずつ達成していく喜びにもなります。そして、なによりも

大事なのは、こうして親子のスキンシップがとられるということなのです。歯磨きの習慣を身につけるということでも同じです。小さい時は大人がしてあげなければなりませんが、やがては自分でできるようにするため、正しい歯の磨き方を教える必要があります。そんな場合でも、歯を楽しく磨く方法を子どもと一緒に考えるといいと思います。

　子どもと一緒に生活の中のある行動を楽しむというのはとてもいいことだと思います。それは、生活の楽しさを子どもが知る人生初期の体験になるからです。それが、先ほど述べた、子どもが楽しみにすることに付き合うことなのです。私が子どもと関わったそうした体験を2つばかりお話しておきましょう。その1つは、子どもが眠りにつく前に絵本を読んであげることでした。子どもは大抵絵本が好きです。そして、どういうわけかある気に入った本がでてきます。長男の場合は、『いたずらきかんしゃちゅうちゅう』が保育園で読んでもらって大変気に入ったらしく、それを何度も借りてきましたので、家でも幾晩か続けて読み聞かせてあげました。この頃から我が家では絵本を購入するようになりました。次男は、『たろうのおでかけ』や『だるまちゃんとてんぐちゃん』、『ぐりとぐら』を好んでおりました。この子の場合は、こちらが読み聞かせしていたのを暗記していて間違って読もうものなら、その箇所を訂正してくるぐらい何度も同じ本を読ませられました。一番下の娘のお気に入りは、『こぎつねコンとこだぬきポン』です。これも私の方がもう飽きてしまい、「別の本にしようよ」と言っても、「これがいいの」と言って随分長い日にわたってお付き合いしたことを覚えています。子どもを寝かしつけるなどと言いながら、こちらの方が先に眠ってしまうことも多々ありました。

　子どもとのもう1つのかかわりは、野球遊びをすることでした。長男とは、4歳になる頃から2人でこの遊びを楽しみました。近所に小さな空き地があったので、プラスチックのバットとゴムボール（最初はバットとセットでついてきたプラスチックのボールでした）で遊ぶのです。始めは、子どもが飛んでくるボールにバットを当てられるように打ちやすいボールを何度も投げて打たせてあげます。ボールをとる方については、素手でとるキャッチボールの練習から始まりますが、やがて打ったボールをキャッチすることも子どもは出来るようになります。この段階になり

ますと、この遊びはすごく楽しいものになってきます。なぜなら、親子のたった2人でも野球というゲームを楽しむことができるからです。そのやり方は、まずピッチャープレートになるラインとホームベースを地面に書き、それにバッターボックスとファーストベースを加えたら準備完了です（それは、何か印になるような物を置くのでもよいのです）。もちろん、1チーム1人しかいませんから、キャッチャーもファーストも人はいません。ハンディをつけるため、私が投げる時はソフトボール式の下手投げ、打つ時は左打ち（普段は右打ちなため）にします。カウントのとりかたは野球と同じですが、何アウトでチェンジになるかを子どもと取り決めます。こうしてゲームが始まりますが、子どもは勝ちますと得意満面ですが、負けますと悔しさを顔一杯に表して「もう1回やって」とせがみます。このゲームはちょっとした広さのスペースがあればできますので、時間さえつくれれば、どこに住んでいてもやれます。私は、長男とはこのゲームを本当に長い間楽しみました。

　このゲームは、次男が加わることによって、さらに面白くなりました。長男とは4歳も離れていますし、3歳くらいから入りたがりましたので、次男は初めのうちは"みそっかす"（山形では"あぶらしっこ"と言います）として登場しました。やがていろいろな技術を身につけてきますので、そうなってからはレギュラー入りです。そうなりますと、ベースも1つ増えて子どものチームは1人は外野を守ることができます。そして、バットも子供用の木製のものへ、ボールもゴムボールから硬式テニスのボールへ（さらには少年用のソフトボールへ）と格上げしていきました。たまに妻も加わって家族でこのゲームを楽しんだものです。

　私は、次男と6年離れて生まれてきた娘ともこのゲームをやりました。娘は、私とお兄ちゃんたちが楽しそうに遊んでいるのを見て自分もしてみたかったのだと思います。私は、兄たちと同じような特訓を娘にもしてあげました。そんな訳で、娘は、小学生になってから、外野フライはとれるし、ボールの野球投げができるということで、地域の野球のスポーツ少年団の人から「入らないか」と声をかけてもらったこともあります。高校を卒業し、スポーツを一時休んでいた頃、時々思い出したように「お父さん、キャッチボールをしようよ」と私を誘い、家の近くの路上でわれわれはキャッチボールをしました。

しかし、こうした親子で楽しむ遊びも小学生ぐらいまで付き合えば十分のようです。長男は、地域の野球のスポ少には小学6年生になってから入り、そこでようやく遊び形式ではない少年野球の活動に加わったのです。次男も同じスポ少に入りました。中学校以上では、部活がありますから子どもたちはめいめい好きなスポーツを選んで活動を楽しんでいたようです。仲間と一緒にスポーツを楽しむようになれば、この面での親の役割はほぼ終わりで、後はサポーターとして子どもを支えてあげればよいのです。

上に述べてきた我が家での子どもへの私の関わりはほんの一例でしかありません。子どもとの楽しいお付き合いは、それぞれの家でそれこそ楽しく工夫ができるからです。現在子育て期のお子さんを持つご家庭では、どうぞ、これぞ我が家流という子どもとの楽しい関わり方を編み出してみて下さい。

3. 能動的体験の場を地域につくろう！

子どもがわくわくするような体験は、子どもの成長には欠かせないものです。といっても、それは何も特別な環境を子どもに用意しなければならないというわけではありません。子どもは元々知的好奇心の固まりなのです。ですから、子どもの発達段階に見合った楽しい体験の場が子どもの身近な生活の中に用意されていればよいのです。そして、子どもにとって心躍るような体験は、自然や事物や人（とりわけ同年代くらいの子ども）と触れる中で起こるのです。家族の中でもそうした体験はできるのですが、活動範囲が地域に広がれば、体験の種類はずっと多くなります。

そうした教育的配慮のある活動を意図的に試みた事例を2つほどここで紹介してみましょう。そのうちの1つは、私の妻たちが20数年前に展開した母親たちの共同保育の活動です。[2]

山形市の一角に誕生した、このグループの名称は「ひよっこ幼児グループ」です。ここには、幼稚園や保育園に自分たちの子どもを預けるのではなく、仲間と一緒に

---

[2] 以下で紹介する活動内容は、当事者からのヒヤリングと、佐多和子「小さな歩みのなかで」（『月刊社会教育』第28巻・第1号、国土社、1984年）とによっています。

手作りの保育をしてみたいと考える母親たち（若いおばあちゃんも含む）が集まりました。グループの活動拠点は山形市郊外のある公民館です。彼女らの活動の基本は、簡単な保育案を考え、子どもたちと遊び、保育日誌をつけるというものでした。月に1回「めんどり会」なるものが開かれ、そこでは保育当番のことや行事の計画、子どもの問題などが話し合われました。また、仕事はどれも全員が担当するように輪番制とされました。この活動に参加した家族の数は若干の変動がありましたが、比較的長く関わったのは6家族でした。その時の子ども数は8人とそう多くはありませんでしたが、年齢幅は2〜5歳と結構ありました。

　ここでの教育目標は「①太陽の下で生き生きと遊ぶ、②何にでも興味を持って行動する、③自分でできることは自分でやる」というもので、豊かな生活体験の提供と体力づくりが目指されたのです。子どもの活動は、散歩が主ですが、季節に合わせての山歩きや水遊びやそり遊びもよく行われました。また、誕生会・クリスマス会・ひな祭りの折には、子どもたちは包丁を持って料理に挑戦しました。

　運動会では、父親たちが裏方の力仕事をし、その後の昼食会では豚汁やいも煮づくりをしました。父親たちの役割の分担は、こうした特別の日だけではありません。「めんどり会」の日には、子どもと半日お付き合いをしなければなりません。母親たちがじっくりと会でこれからの活動のしかたや子どもたちの成長ぶりについて検討できるようにするためです。

　おおよそ以上のようなやり方でこのグループ活動は何年間か続けられました。実は、我が家では、次男も娘も幼稚園に行っておりません。この「ひよっこ幼児グループ」がかれらの幼稚園だったのです。妻は、このような少人数ではあるが大がかりな活動を仲間たちと一緒に創り出し、子どもと関わり、子どもへの働きかけをしていたわけです。

　「ひよっこ」のような共同保育の活動は、社会教育の視点から意味づけたらどんなことが言えるのかを私なりに考えてみました。私も当事者の身内の1人ですので割り引いて聞いてもらうとよいと思いますが、次のように言えるのではないでしょうか。

①子どもの豊かな生活体験と子ども同士の豊かな働きかけあいがある。

②母親たちが集団の中での自分の子どもの様子を見ることができる。
③母親たちの(子育てや会の運営のしかたなどについての)共同学習の場になっている。
④家族ぐるみの主体的参加が可能である。

　家族の少子化が進み、家の中でのきょうだい同士の豊かな関わり合いが少なくなってきている今日、地域の中で子育てについての考え方を同じくする親たちが子育てを共同で行うことは大変意味のあることだと思います。
　今日では、子育て経験の豊かなお母さんたちが地域の中でNPOを組織し、その土地に不案内のお母さんたちや育児に不安を持つ若いなりたてのお母さんたちを支援する活動を展開するようになってきていますし、様々な出会いを計画するお母さんたちのサークルも増えてきましたので、このような活動の中へ加わっていくことは以前より容易になってきています。ですから、親が子どもに子どもが楽しめる生活体験をさせてあげたいと思う気持ちがあれば、そうした活動のできる場を地域の中に見つけ出すことはそれほど難しくはないと思います。もし、そうした活動団体が近くにない場合は、同じようなニーズを持つお母さんが同じ地域の中に複数いるでしょうから、その人たちを見つけて「ひよっこ」のようなグループ活動を自ら始めてみるのもよいのではないでしょうか。

　紹介したいもう1つの事例は、鶴岡生協の教育活動です。もう15年くらい前のことですが、私は共立社鶴岡生協より、一冊の本(佐藤治助編著『子どもたちの明日に幸せの虹を―共立社鶴岡生協・教育活動センター十年のあゆみ―』、生活協同組合共立社、昭和63年)を贈っていただきました。鶴岡生協の教育運動については山形県の教育研究集会(先生方の組合主催の研究集会)を通して私はある程度の知識はあったのですが、この本を読むことによってより多くのことを知ったのです。一読した後の感想は、「とにかくすごい」というものでした。私は、これは地域の教育力を創り出す代表的な実践事例になると思い、学生に教材として提供すべく、我が教室の機関誌『パイデイア』(第12号、1989年)に「鶴岡生協の教育活動」というタ

イトルの小論を載せました。

　それでは、その時私が書きましたものを用いながら、鶴岡生協が地域の中で子どもを育てるためにどのような活動を展開していったのかを、以下に、簡単に紹介してみましょう。鶴岡生協が教育活動センターを発足させたのは1977（昭和52）年のことでした。鶴岡生協は、以前から教育問題を重視し、数々の活動を展開させてきたのですが、それらの活動を踏まえた上で、組合員の生活課題としての教育問題に本格的に取り組むためこのセンターを興したということです。

　教育活動センターの活動は、大きく分けますと3つあります。1つは、鶴岡の各地区（小学区で区分された千石、稲生、新形、大山、淀川、切添の6地区）で中心となって教育活動を進める運営委員会の活動です。2つは、鶴岡生協教育活動センターの事務局及び事務局会議の活動です。事務局は、生協組織部の教育担当者と教育センター代表で構成されています。この事務局スタッフと教育専門家集団（小学校・中学校・高校・大学の現役の教師と保育園の保母からなる）によって持たれるのが、事務局会議です。事務局会議は、①教育をめぐる地域の実態を明らかにし、教育センターでできる活動が何であるかを探りだす、②運営委員会を中心にして展開されている各地区の活動の方向が間違っていないかどうかを確認するとともに、専門家の立場からその活動を援助したり支援体制を組んだりする、などの重要な任務を果たします。3つは、法律相談・医療相談など鶴岡生協相談活動の一環として、教育相談の活動を行うことです。

　運営委員会の活動の主役は、委員になっている地区毎のお母さんたちです。運営委員会では、月1回定例会がもたれ、ここで身近な子どもの問題などが話し合われるのです。上述の書物は、その様子を次のように伝えています。――「子どものためにこんな活動があったら、こんなことなら自分でもできるなどと話し合いが重ねられ、そのなかで実行可能なことから活動にはいっていった。また班会で、センターではこんなことをやってほしいなどという要求や希望がだされると、それに対する指導者のこと、運営委員の趣味や特技を生かしながら担当をきめ、実際の活動を開始した」（p. 30）。

　教育活動センターは、発足以来様々な教育活動を生み出し、展開させてきました。

第7章　まとめ：子どもと関わるための基本的視点

　そのうちの幾つかを挙げますと、昔話を聞く会、百人一首を楽しむ会、文庫活動、習字練習会、将棋教室、子どもの手づくり教室、かぼちゃの会、そばの会、自然観察会、乳幼児サークル、生活記録の会（母親自らがものを書くという趣旨で、「はとの会」の名称で誕生）、少年少女夏のつどい、ちびっこ学園、林間学校、親子でスキーを楽しむ会、わらび学校、平和・反核の取り組み、子育てシンポジウムなどです。

　私が以前に山形県の教育研究集会で、この教育活動センターで活躍していた方から聞いた話もここで付け加えておきましょう。それは、当時そこでは、かぼちゃ・そば・いも・とうふ等、「本物」の作物をつくって食べる活動が手掛けられており、ここで育った子は、自然の見方が変わり、農業を重視し、労働の大切さ・大変さを知り、みんなで力を合わせてすることの良さを学び、遊びの仕方も変わったというものです。そして、私にとって大変印象的だったのは、教育を軸に生活の共同を目指す母親たちが教育の主体者となるべく、算数教室にかかわっており、その延長として、5・6軒を一組として行う家庭塾の試みを始めた、という報告でした。生協の組合員は、鶴岡市全世帯の60％にも及ぶ（当時）ということでしたから、地域で相当なことが行われだしたと感じた次第です。
（鶴岡生協・教育活動センターの活動について興味のある方は、上述の書物の続編が出ています。塩野俊治編著『子どもたちの明日に幸せの虹をⅡ―共立社鶴岡生協・教育活動センター20年のあゆみ―』、生活協同組合共立社、1998年、をご覧下さい。）

　地域社会の中で大人たちが本気になって子育てについて考え、取り組みを始めれば、こんなことまでできるのだという例として鶴岡生協の活動を紹介してきました。ここには、子どもが自然や事物や他者（他の人間）と関わり、その関わりそのものを楽しめる体験が沢山用意されていると思います。第3章で指摘されていた子どもの「能動的体験」は、こうした環境の中でこそよくなされるのではないでしょうか。

4. 成長阻害要因には要注意！

　子どもには触れさせたくなくても、それにいとも簡単に接触してしまう環境の中で子どもは生活しています。例えば、殺人や殺戮の場面に満ちたテレビやビデオ、DVD、雑誌、マンガ、ゲーム、或いは男の偏見で描かれたバイオレンス・タッチの同上のメディアが子どもを取り巻いているのですから、私たち大人はその弊害の大きさを明確に認識しておくとともに、それらから子どもをいかに守るかを考えておく必要があります。それから、ゲームやＩＴ機器に浸りきりになると脳が危ないという脳科学研究の知見にも私たちは学ばなければなりません。さらに、これは子どもだけの問題ではありませんが、ダイオキシンなどの環境ホルモンがこれ以上ばらまかれないように世の中を監視しなければなりません。今の子どもたちは、まともな成長を阻害する上記のような要因があふれている環境の中で生きているのです。ですから、可能な限り、そうした要因から子どもを守ることを考えなければならないのです。

　とは言いましても、子どもたちを純粋培養しなければいけないということを言おうとしているのではありません。大体そんなことはできるわけがないのです。そうではなく、今のような状態が続けば、その被害者となる子どもがもっと続出するでしょうから、事の重大性をよく認識し、そうした問題を未然に防ぐ知恵を私たち大人が働かせなければならないということを言いたいのです。それでは、上に挙げた３つの例に沿って、以下、専門家らの声や忠告に耳を傾けてみましょう。

(1) メディアの暴力について

　先ほども述べましたが、子どもに良くない影響を与えてしまうのではないかと思われる物語の展開や場面がテレビや映画、ビデオ、DVD、ゲームソフト、雑誌、漫画、ディスプレイなどに出てきます。子どもの成長や発達に悪影響を及ぼすような作品は作らなければよいのですが、今日のコマーシャリズムはそうした配慮は致しません。視聴者やユーザーが喜んでそれを買ってくれたらそれでいいのです。悪影

第7章　まとめ：子どもと関わるための基本的視点

響があると思うなら買わなければいいではないか、買うか買わないかの選択権は視聴者やユーザーが持っているのだから、というわけです。コマーシャリズムのそうした体質や傾向に対して是正を求める社会的な働きかけが必要なことは言うまでもありません。しかし、それにも限界がありますので、今ここで強調しておきたいことは、そうした子どもに害を及ぼしそうなものについては、子どもの教育に責任のある大人、その中でも特に子どもの養育者や保護者が十分に認識していて、それらへの対処法を心得ておくことが重要だということです。

　メディアが表現する暴力や攻撃性は子どもの成長・発達に望ましくない影響をもたらすのではないかということは大分前から指摘されておりました。こうした考え方の基礎となっているのが、前章で少し触れたバンデューラらが提唱したモデリング理論です。モデリング理論とは、モデル（手本）となるものの行動を観察することによって同じような行動を観察者が獲得していくというものです。この手本となるものには様々なものがありますが、それらを大きく分けると、①日常生活の中での他者の行動（それがモデルとなる場合を行動モデリングという）、②書物の中に書かれている動作（言葉で表された行動の仕方がモデルとなる場合を言語モデリングという）、③フィルムやテレビなどの視覚媒体の中に示される行為（これらがモデルとなる場合は象徴的モデリングという）というようになります（A. バンデューラ著／原野広太郎監訳『社会的学習理論』、金子書房、昭和54年、p. 43）。

　この3つ目のモデリングの形態が、ここで話題にしていることと関係してくるのです。バンデューラは上記の書物の中で、「フィルムやTVのモデリングによって、子どもも大人も、態度、情動反応、そして新しい行動様式を習得することが知られている」と記しています（p. 43）。このことは、子どもたちの成長・発達にプラスに働くようなモデリングなら言うことはないのでしょうが（そのことを意識して教育の方法として取り入れているのが視聴覚教育です）、モデリングはマイナスの方向にも成り立つ学習形態なのです。ですから、大人が真似してほしくないと思うような行為や感情、ものの見方を子どもが身に付けてしまうということが往々にして起こりうるのです。他者に対する暴力行為や攻撃性は人間性や他者への思いやりを大切にする社会では認められないものであるという規範意識がまだ定着していない

子どもが、暴力行為や攻撃的表現のいっぱい詰まった場面や物語にさらされたらどうなるのでしょうか？　子ども自身に、物事の是非を判断する規準や、現実の世界と虚構の世界との違いを認識する分別が備わっていない段階で、子どもがそうしたものに浸ってしまったら、悪いモデルの行為を取り入れることにはならないでしょうか？　そうした懸念や危惧がされているのです。

　ビデオ・レンタル店は今どこにでもありますし、子どものお小遣い程度の値段でビデオは借りられます。その中には、おどろおどろしいもの、残虐なもの、戦闘もの、ホラーもの、或いはアダルトものなど、子どもには不向きなものも沢山並べられています。酒鬼薔薇事件以後ホラーものや残虐ものなどの扱いを注意するレンタル・ショップも出てきましたが、アダルトもの以外は大方の店で子どもが借りることができます。印刷媒体の雑誌やコミックの類にも同じような内容のものが結構載っています。ゲームソフトは、戦闘ものには事欠かないでしょう。そのうち、インターネットでも同類のものが簡単に入手できるようになるかもしれません。繰り返しますが、現在、こうした環境の中で子どもたちは生活しているのです。

　では、上に述べたような懸念や危惧はどの程度研究者によって確かめられているのでしょうか。他の媒体についての研究はあまり進んでいないようですが、テレビ視聴と暴力的傾向の相関を追究する研究はありますので、つぎにそれを紹介することに致しましょう。

　『メディアと暴力』(勁草書房、1996年)という書物を著した佐々木輝美氏は、テレビで放映される暴力とその視聴者の暴力的傾向との間には正の相関があるという外国の研究成果を紹介するとともに、自ら行ったある中学校の調査の結果から、「いじめ番組」視聴量の多い子どもは少ない子どもより「いじめ」行為をする率が高いことを検証しています。氏はまた、メディア暴力に対して、上に述べたような"観察学習理論"("モデリング理論"と同じ)とは異なる"脱感作(ダッカンサ)理論"を紹介し、頻繁に流される暴力のシーンが暴力は許されないものだという感覚を麻痺させてしまうことの怖さを提示しています。そして、こちらの理論の上に立っ

---

(3) 脱感作理論では、人々がメディア暴力に多く接触した場合、暴力に対する感覚が麻痺してしまうという捉え方をします。

第7章　まとめ：子どもと関わるための基本的視点

て「いじめ」を考えてみれば、テレビなどのメディアで描写される「いじめ」を家庭などのくつろいだ場所で見ているうちに、「いじめ」とリラックスした状態が結合し、人々は、他人が行う「いじめ」でも、自分が行う「いじめ」でも、「いじめ」行為に対して嫌悪感を抱かずに、むしろそれを平然と受け止めるようになってしまう危険性があることを告げています（pp. 99～100）。

1999年10月31日の「朝日」は、総務庁の小6・中2の少年を対象としたアンケート調査（1998年実施）によって得られた「テレビ番組で暴力シーンを見ることが多い子どもほど暴力行為や、万引き、喫煙など非行・問題行動に走りやい」という重要な結果を紹介しています。

メディアによって伝えられる暴力の子どもの人間形成に及ぼす悪影響は、日本ではまだ十分に解明されているとは言えません。テレビに限らず、子どもがよく接触している様々な媒体の伝達する暴力や攻撃性については、今後もっと多くの研究がなされるべきだと私は考えています。

さて、現実には、子どもは心配されるようなメディアに日々接触しているわけですから、大人はどのような配慮をしたらよいのでしょうか。佐々木氏は、上述の書物の中で、2つの対応策を提案しています（ただし、ここで述べているのは、テレビの暴力描写に対する対応です）。その1つは家庭でも出来ることで、親子でテレビを共同視聴するやり方です。もちろん、これは、ただ一緒に見ていればいいというものではありません。暴力シーンが出てきた場合、親がそれに対して否定的なコメントをするのです。そして、子どもはそのコメントによって、テレビで描写された暴力に対して否定的な態度を持つようになるというものです。こうして親は子どもがテレビの暴力を模倣することを抑制することができるというわけです（前掲書 pp. 162～163）。

もう1つの方法は、メディア暴力に対して免疫力をつけることを、より系統的な教育によって行おうというものですから、家庭でというよりむしろ学校で取り組むような教育的介入のやり方です。これは、①テレビドラマに出てくる人たちの行動がいかに現実生活とかけ離れているかということ、②登場人物の行動が過度に攻撃的に見えたり、非現実的な芸当が本当に行われているように見えること、③テレビ

と同じような状況にあっても、現実の生活で問題解決をする場合、暴力以外の他の方法を普通の人はとることを、いろいろな方法を用いながら（子どもに対して質問したり、エッセイを書く課題を課したり、他の効果的な指導をしたりして）教えていくというものです（pp. 164〜166）。

　これらの方法が有効であることは研究でも確かめられているということですから、家庭でも、学校でもこうした教育的介入を積極的に取り入れて実践してみてはいかがでしょうか。

　あまり、参考にはなりませんが、我が家の場合、私がテレビ好きということもありまして、結構子どもが好んで見る番組を私も一緒に見ておりました。その時の私の見方は、教育的介入とはとても言えるものではなく、子どもと一緒に番組制作者が用意した内容を楽しんでいたような気がします。「すけばんデカ」（「女番刑事」と書いたかもしれません）はその一例ですが、この作品には随分暴力的なシーンが盛り込まれていたように記憶しています。それでも、度の過ぎたものや私の規準からして子どもに見せたくない番組は切るようにしていました。親の目から見て子どもにとって良くない番組なら、テレビをオフにすればいいと思います。そのことで子どもと意見が対立するときは、子どもと話し合えばよいのです。ただし、その理由は子どもにはっきりと言わなければなりません。その時、出来るならば、前章に出てきたように、教え諭すように子どもに話したらいいのではないでしょうか。こうしたことさえ押さえておけば、あとは子どもと一緒にテレビを楽しんだらいいと思います。前述したように、子どもと楽しみを共有することは大切なことだからです。

　他のメディアの攻撃性の描写についても、テレビ視聴に関して上に見てきたのと同様な問題が考えられるわけです。が、もう、一つひとつを取り上げてお話することはやめましょう。原理は同じですから。かわりに、ここで私が強調しておきたいことを一言だけ述べておきましょう。それは、子どもが興味・関心をもっている世界のことを保護者である大人は一通り知っておいてほしいということです。子どもがどんなことをおもしろがり、楽しむのかを特に親には知っていてほしいのです。それは、子どもの心を理解することにつながるからです。ですから、可能な限りでよいのですが、子どもが楽しむ世界のことをよりよく知り、その世界の中にあるこ

とについて子どもと会話を交わすことが大事なのではないでしょうか。そして、その世界にあるものが、子どもの成長・発達にとって望ましくないと思われるなら、子どもからそれを遠ざけてあげるように配慮すればよいのです。もちろん、一方的にではなく、子どもを諭しながら、そうした方向に事を運ぶということです。そうするためにも、子どもが夢中になって楽しめる何か他の活動が必要なのです。それについては既にお話ししてきましたので、この話題についてはここまでにしておきましょう。

(2) ゲーム脳の恐怖について

　つぎは、多くの家庭にあり、興じられているテレビゲームが、何と子どもや若者の脳を壊しているのではないかという、怖い話です。こうした警鐘を鳴らしているのは脳神経科学者の森昭雄先生(日本大学教授)です。
　それでは、先生が著書『ゲーム脳の恐怖』(NHK出版、2002年)で明らかにしたことの一部をここで簡単に紹介しておきましょう。先生は、人間の脳の"前頭前野"から発せられるβ波の動きを(先生が開発した)簡易型脳波計で、テレビゲームの開始から終了まで追いかけ、その変化の違いから、4つの人間タイプがあることを突き止めました。1つ目のタイプは、テレビゲームをしていてもほとんど脳波に変化がないもので、それはテレビゲームをしたことのない人のデータであると言います。このタイプは「ノーマル脳人間タイプ」と命名されました。2つ目は、テレビゲームはほとんどしたことがないが、テレビやビデオは毎日1〜2時間視るという人のデータから引き出されてくるタイプで、テレビゲームを始めると一気にβ波が減少するが、ゲームを止めると元にもどると言います。そして、このタイプでは、同時に計測されるα波との関係から見ても、テレビゲームをしている間は脳の働きが低下しているということです。このタイプは「ビジュアル脳人間タイプ」と命名されました。3つ目は、テレビゲームを週2〜3回、1回当たりの時間数が1〜3時間位し

---

(4) 考え事をしたり、頭を使うようなことをすると出てくる脳波。この脳波が多くでるということは脳がよく活動しているということだそうです。これに対して、α波は、とくにリラックスしている時によく出現するそうです。

ている人のデータから出てくるタイプです。このタイプでは、テレビゲームをする前もした後もβ波がα波のレベルまで減少し、混合した状態になっており、このようなデータを示す人たちには、少しキレたり、自己ペースといった印象の人が多く、また日常生活においては集中性があまりよくなく、もの忘れも多いようだと先生は言います。このタイプは「半ゲーム脳人間タイプ」と命名されました。最後の4つ目が「ゲーム脳人間タイプ」です。本書のタイトルが「ゲーム脳の恐怖」ですから、このタイプが一番問題になるのだと思います(もちろん3つ目のタイプも4つ目になりかけているというのでそう命名されたのでしょうから、問題であることには変わりありませんが)。このタイプは、脳波について言うなら、β波が完全にα波より下になり、顕著なβ波の減衰が見られるものだと言います。森先生はこのタイプの人たちについて、次のように言っています。――「このタイプにはキレる人が多いと思われます。ボーッとしていることが多く、集中力が低下しています。学業成績は普通以下の人が多い傾向です。もの忘れは非常に多い人たちです。時間感覚がなく、学校も休みがちになる傾向があります。」(p. 78)

ところで、テレビゲームとの接触度によってどうしてそんなに脳の活動に差が出て来てしまうのでしょうか。森先生は、その理由を「画像情報は前頭前野に行かない」からだと言っています。もう少し先生の説明を紹介すれば、「テレビゲームや携帯型ゲームなどのソフトを用いた画像刺激は、前頭前野には信号が行かなくなっているのです。(それで)この領域の脳細胞の活動が一気に低下してしまうものと考えられます」と言うのです。でも、ノーマル脳人間タイプの人の場合は、テレビゲームをしても脳が普通に活動しているのは何故なのかという疑問が出てきます。それに対しては、このタイプの人は、テレビゲームはほとんどやったことがなく、初めてやることなので、次の動作を考えながら意志決定を行うため、前頭前野が活動し、β波の活動が低下しないのだというわけです。しかし、ビジュアル脳人間タイプぐらいのテレビゲームとの接触ともなると、「ひんぱんに入ってくる視覚情報によって、前頭葉を使わずに、つまりゲームの操作をするときにいちいち考えずに、どんどん手が動いて、後頭部中心の神経回路が強固になっていき、前頭前野の脳細胞が働く必要性が減っていくことから、β%の急激な減少が生じる」ということです(p

p. 96～98)。

　上の2つのタイプの違いは、前頭葉を使うか使わないかという点にあります。森先生が他の箇所で説明している「目の前にあるボールをつかむまでの脳内での情報の伝わり方」(pp. 40～41)を用いながら、この違いを確認してみましょう。まず、こちらの方にボールが飛んでくるとします。目から入ってきたその情報は後頭部にある視覚野へと送られます。その情報は、脳の他の部位で形や色の種類からボールであることが認知され、頭頂の部位にある空間情報によりその位置が確認されます。その後、その情報は前頭前野に送られ、ここでそのボールを拾うという判断が検討されるのです。同時に、その情報は運動連合野というところに送られ、そこではすぐに手を動かすプログラムを準備して、前頭前野からの結果を待つのだそうです。そして、前頭前野で判断が下り、行動と運動の種類が選ばれると、そのプログラムが運動連合野に送られ、そこからさらに運動野というところに、手を伸ばしてボールをつかむという情報が発せられます。すると脊髄の運動ニューロンが活動して手がボールまで伸びるということです。

　ボールをつかむという行為が完了するまで、脳内ではこんな過程が進行しているのだそうです。ここには、前頭前野でこちらに向かって飛んでくるボールをどうするかという判断や意志決定をする活動の流れが存在します。この部分の働きがビジュアル脳人間タイプでは減少することを森先生は指摘しているのです。ビジュアル脳人間タイプの段階でもこう指摘されているのですから、半ゲーム脳人間タイプやゲーム脳人間タイプでは脳の同じ部分の働きはもっと低下するわけで、ゲーム脳人間タイプに至っては「前頭前野は活動停止状態」とまで森先生は言い切っております。

　この本の「あとがき」のところで、森先生が子どもの成長・発達に関する重要なことがらを指摘しておられるので、以下に掲げておきましょう。――「前頭前野といわれる場所は創造、理性、意図、ワーキングメモリなど、人間らしさに関係しているところですから、ここが活動低下することは非常に大きな問題であります。本書で記載してきたように、テレビゲームを幼児期からおこなわせた場合には、ゲーム脳人間タイプになってしまう可能性があります。――(略)――最近問題になっている注

意欠陥多動障害は、集中力が低下し、落ち着きがないことが特徴です。この子たちは学校で集団生活を送ったり普通に遊んだりすることができません。この障害のある子どもの脳を調べてみると、前頭前野、帯状回前部などのニューロン活動が低下していることが知られています。

注意欠陥多動障害の原因には、前頭前部の活動低下を引き起こすテレビゲームのやり過ぎも含まれているものと考えられますし、また、それにより子どもたちは攻撃的になり、すぐキレる状態になってしまっているものと思われます。

子どもたちがテレビ画面とばかり向き合っているのではなく、外に出て自然のなかで遊び五感を十分に使うことで、前頭前野も含めた脳全体を活性化することが大切だと思います。」(pp 193～194)

以上、テレビゲームが子どもや若者にもたらす危険性を森先生の警告を通して見てきました。しつこいようで気がひけますが、もう一つ森先生からのメッセージをお伝えしておきます。森先生は、上述のような研究を広げて今度は「メール脳の恐怖」を訴え、IT機器のもたらす世界に浸ってしまうことの怖さを教えてくれています。

私自身は、携帯を持ったら自分の時間がなくなるということで、未だに購入していません。ですが、家族の者は皆持っています。今や、小学生さえ自分専用の携帯を持ち、多くの人がいろいろな動作をしながら、メールを打っている姿を見かけます。こんな時代ですから、メールの世界にのめり込んでしまっている子どもや若者が大勢いたとしてもおかしくはありません。

森先生は、テレビゲームの時と同じように、高校生の脳波を調べた結果、多くの者にβ波の低下が見られ、その程度はゲーム脳の脳波と同じかそれよりもひどく、それらの高校生が勉強に集中できるのは10分前後だと言っていることを伝えています（注に示した書物のp. 31）。

森先生がいうところの「メール脳」になってしまった人間のイメージを私なりに探ってみました。私が思いついたのは、あのテレビドラマ「北の国から―"遺言"前編」に出てくる、ゆき子おばさんの息子のダイスケ君です。そこに出てくるダイス

---

(5) 動機づけに関して大切な場所で、何かを一生懸命に行うときに活動するところだと言います（p. 36）。
(6) 森昭雄著『ITに殺される子どもたち―蔓延するゲーム脳』講談社、2004年、をご覧下さい。

第7章　まとめ：子どもと関わるための基本的視点

ケ君の様子を以下省略形でなぞってみましょう。——ゆき子が話しかけても、話を聞くという様子が全く見られず、聞かれたことに答えようともしない。また、五郎や他の者が話しかけても、口をきこうとせず、ただもくもくと携帯にメールを打ち続けている。たまりかねてゆき子が夜、問いつめたところ、学校にも行っていないということがわかったという。そして、どうも、出会い系サイトで知り合った、まだ一度もあったことのない恋人と富良野のゆき子の家で会うという約束をしてこちらにきたということがわかった。

そこで、五郎がダイスケに会い、「おじさんはよくわかんないな。一度も見たことも、口で話したこともない人を好きになることができるのかい」というようなことを聞くことになる。そして、五郎がその後、続けて「普通は、男が女に惚れるというのは顔や声や相手のにおいや触ったときの肌の具合や」とまで言いかけた時、ダイスケは突然キレて、「いやらしいなー。ムカツクなー。古くさいんだョ。だから、オジンはイヤなんだ。今の世の中、それを知っていると言うんだ。愛の形が変わったんだ」とわめき散らします。その場にいた製材所経営のナカちゃんが、廃材で家を造る五郎の生き方までも古いと誹謗（ひぼう）するダイスケの言葉を聞いて、ダイスケを殴り、携帯を川の中に捨ててしまう。——（シーンの中のせりふのやりとりは正確ではありませんが、大体このような内容だったと思います。）

「メール脳人間」の状態と診断される人すべてが、このダイスケ君と同じような行動パターンをとるかどうかは私には分かりません。また、私がイメージしたダイスケ君のような人が、森先生が言う「メール脳人間」の典型的なタイプかどうかも私には分かりません。しかし、森先生が鳴らし続けているこの警鐘を私たちは重く受け止めるべきだと思います。

さて、それでは「ゲーム脳の恐怖」の問題に私たちはどのように対処したらよいのでしょうか。単純に言えば、この問題に対しては、①テレビゲームのように子どもの脳に悪影響をもたらすものはメーカーにつくらせない、②自分の家に入り込ませない、③適切に対処する、という3つの迫り方があると私は思います。

①について、少し私のコメントを加えておきたいと思います。この迫り方はかな

り難しいと思います。タバコのように身体に害があるということが科学的に明らかにされていても、その販売を禁止することができないのが現状なのですから。あるテレビゲームをしているうちに心身の具合が悪くなって倒れたというような人が続出し、しかもそれらの人々が倒れたのはそのテレビゲームに原因があるとの科学的な因果関係が立証されない限り、法律などによってその製品の製造を止めさせることはできないからです。それでは、製造停止とまではいかなくても、自粛させるぐらいは可能だろうという考え方はできます。しかし、前の項でも述べましたが、コマーシャリズムは子どもや若者をターゲットにした商品開発を自粛したりはしません。売れるならば、つくるのです。子どもがおもしろがり、若者が飛びつくようなものを、視覚的には現実の世界にあるものそっくりにつくっていくのです。いや、ある意味では、現実以上にリアリティ感覚のある世界をつくり上げていくこともあります。そして、さらに高度の画像処理を施した新しいタッチの作品が次々とメーカーの手によって市場に売り出されていくのです。お客様がそうしたものを求めているからという理由で。ですから、この迫り方には今のところあまり期待はできないと思っています。とは言え、この問題について私たちは、早急に社会的な監視の目をつくっていかなければならないのではないでしょうか。

②については、我が家の例でお話ししてみたいと思います。我が家の場合、子どもは随分ゲーム機やファミコンを欲しがりましたが、そんなものは必要ないとついに3人の子どもに買ってあげませんでした。そして、当時は親の教育方針としてそうしたように記憶していますので、なぜそれらが必要ないのかを有効に子どもたちに説明しうる論理は持ち合わせていなっかたように思います(今なら、森理論を使うことができますが、子どもたちはもうその年代を卒業してしまっています)。親のこうした対応に子どもたちは(よそのうちではゲーム機やファミコンを買ってくれるのにと)大分不満そうでしたが、ゲームウオッチのような小さなゲーム機が流行った頃はよそからいただいたものがいくつかあったのでそれをしたり、学校帰りに、或いは帰ってきてから、よその家に行ってゲームをしたりして欲求を満たしていたようです(親に内緒でよその家で、テレビゲームをやっていたということは、長男や次男にあとから聞いた話です)。そういうこともありましたので、子どもがテレ

第7章　まとめ：子どもと関わるための基本的視点

ビゲームなどを楽しむことについては、むげに禁止することはできないものだと、私は最近まで思っておりました。幸いながら、我が家には「ゲーム脳人間」は誕生しませんでした。

　このような訳で、我が家では、子どもが成長期にテレビゲーム漬けになり脳を壊されるという災害からはかろうじて免れました。我が家の場合、テレビゲームの害は、ゲーム機そのものを家の中に入れないという方法で防いだことになります。しかしながら、ウチはよかったかもしれないが、ヨソサマの家にご迷惑をかけたという問題は残りました。ここら当たりが小学生から中学生にかけての友達づきあいが絡む難しい問題なのかも知れません。

　③については、森先生が教えてくれているやり方です。その教えから学びながらこの項を締めくくることにしましょう。先生は、もうすでにゲーム脳や半ゲーム脳になってしまった人でも回復する術はあるので、あきらめないでと言っております。その方法はいろいろあるそうですが、お手玉3個を使ってやる遊び（一方の手でお手玉を上にほうりあげては他方の手でそれをつかみ、その動作をする間に別の手の中にあるお手玉を投げる方の手にすばやく移しかえるあの遊び）が一番効くと言います。先生は、そのことを、テレビゲーム歴10年以上のゲーム脳人間タイプになってしまっている学生の実験で確かめているのです。毎日5分間、2週間ほどこの遊びを続けた結果、その学生は、前頭前野のβ波のレベルが上昇し、半ゲーム脳人間どころかビジュアル脳人間にまで回復したということです（『ゲーム脳の恐怖』pp. 176〜177）。

　そして、ゲーム脳かもしれないと思われる子どもがやれる一番簡単なことは、ゲームやメールを止めることだと言います。しかし、依存症になっているので、これが結構むずかしいそうです。こういう場合は、本人にこのままではダメだという意識をもたせることが大切であり、先ほどのお手玉遊びをさせたり、音楽を聞かせたり、少し改善してきたら読書をするように導いていくのがよいそうです（『ＩＴに殺される子どもたち』pp. 153〜155）。

　先生は、さらに育ち盛りの子どもには、全身遊びの運動、それも友達とコミュニケーションをとりながらできる運動が必要だと言っております。こうしたことは、教

育学の分野では以前から言われていたことなのですが、脳科学という実証的な研究から支えてもらえることは何とも心強い限りのことです。

(3) 環境ホルモンについて

　前の2つの項で、子どもの成長・発達を妨げたり、歪めたりする危険性の高い社会的要因のうち、「メディア暴力」や「ゲーム脳」といった(情報伝達や娯楽などの文化的側面がその内容をなすという意味で)"社会"要因について触れてきました。そこで次には、今や、自然や生活環境の中にとけ込んでいて、人間や生命体の生存を脅かしている、「化学物質」について述べておきたいと思います。

　人間は科学の発達や産業の発展の過程の中で、人間や他の生命体を含む自然を傷つけるものを沢山生み出してきました。その代表的なものが核兵器やダイオキシンです。どちらも人間がつくり出した最悪の物質ですが、それらをこの地球上からなくす知恵を今の人類は持ち合わせていません。核兵器は、それを持っている国家が手放そうとしませんし、ダイオキシンは、それを発生させてしまう可能性のある化学物質を現代社会は必要としているとし、その元となりうる化学物質を製造する様々な企業が今なおあるからです。

　今日の日本社会の中で特に問題となるのは、ダイオキシンのように企業活動と結びついて生み出されてきた人間や他の生物にとって有害な化学物質や、同じく企業活動の結果として土壌や地下水を汚染している水銀、鉛、ヒ素、カドミウムなどの重金属だろうと思われます(もちろん、日本では核兵器を製造してはいませんが、原発は沢山ありますので、原発事故に伴う放射能汚染の問題がないというわけではありません)。

　ここでは、これより、私たちの身近にあっていつの間にか私たちの命や子どもの心身を蝕んでいる、いわゆる「環境ホルモン」[7]の問題について見ていくことに致しますが、この問題については、生化学や免疫学などの立場からこの問題に取り組まれ

---

[7] 北條先生の説明によれば、環境ホルモンとは、外から体のなかに入ってきて、本来なら体のなかで必要に応じてつくられるホルモンと同じような作用をしたり、ホルモンの作用を妨害したりして、正常なホルモンのはたらきを狂わせる物質だと言います。なお、これはマスコミの用語で、専門用語ではこれらの物質を「内分泌攪乱物質」というそうです。(Aのp. 11)

ている北條祥子先生（尚絅女学院短大教授、医・歯学博士）が著した『よくわかる環境ホルモンの話』（合同出版、1998年）と消費者運動の立場から環境問題に取り組んでおられる船瀬俊介氏（執筆家）の著書『環境ドラッグ——あなたの子どもはなぜキレる』（築地書館、1999年）及び、人類への警鐘として環境ホルモン問題を告発したコルボーン、ダマノスキ、マイヤーズ著『奪われし未来　増補改訂版』（翔泳社、2001年）という3冊の本から多くのことを引用させていただきたいと思います。なお、引用に当たっては、掲載順にA、B、Cと略記することに致します。

　まず、今では誰もが知っているダイオキシンの話から入ることにしましょう。私がダイオキシンの怖さを知り、それにまつわる問題を深刻に受け止めるようになったのは、蓮見けい氏が子ども向けに書いた『悪魔のおりた街——ダイオキシンの夏』（岩崎書店、1985年）を読んでからでした。それは、1976年に北イタリアのセベソという町で、ある化学工場が爆発してダイオキシンが空から降り大惨事となった事件を取り上げた書物です。この本は物語風に創作されていますが、事実に照らして書かれているので大変説得力があり、ダイオキシンの恐ろしさとスイスにあるその工場の親会社のそのまた親会社（世界最大の多国籍企業として知られる製薬・農薬会社）の狡さ・不誠実さを浮き彫りにしています。そこで、その恐ろしさを知っていただくため、そこに描かれている一部をここで紹介しておくことにします。

　その工場では、化学薬品のトリクロロフェノールや殺菌剤のヘキサクロロフェンなどを製造していました。トリクロロフェノールは、TCP（ティーシーピー）と略して呼ばれている化学薬品で、除草剤や枯葉剤の原料となるものです。このTCPが、摂氏200度を超えるとダイオキシンという猛毒を生むのであり、爆発によって発生したダイオキシンがセベソの町全体を襲ったのです。ダイオキシンの毒性は、（ここでの）原料であるTCPと比べると1億倍も強いのです。ダイオキシンが人間の体に及ぼす影響はすさまじいものです。体内に入ると肝臓と腎臓がすぐにおかされ、胸腺という、胸骨のうしろにある内分泌腺もやられてゆき、そのため免疫力が極端に弱まり、病気にかかりやすくなります。あやまってダイオキシンをあびてしまった場合は、重病か死しかありません。動物実験では、ごく少量のダイオキシン

でも、母親の胎内にいる子どもに様々な奇形が現れることがわかっています。(pp. 21～22, pp. 76～79)

また、会社側の狡さ・不誠実さが示されている部分も紹介しておきましょう。――(資産5千億円、従業員5万人の世界最大の製薬・農薬会社であるホフマン・ラ・ロシュ社側の会長側近バルトフォーゲルの言:)「これ(ダイオキシンのこと)は、TCPのなかに、副産物としてごくすこし、生じてしまうのでございます。しかしわたくしどもは、外科手術用の石鹸をつくらねばなりません。石鹸の原料にくわえるヘキサクロロフェンを製造するために、TCPはほかの化学物質では代用できないものなのです。もちろんTCPをつかわずにすむ、ほかのなにかがみつかれば、わたしどもはよろこんでそれを用います。しかし、かわるものがないかぎり、わたしどもは医師たちが必要とする消毒用の石鹸をつくるために、TCPをつかわなければならないのでございます」。そして、「アメリカでは1972年から、ごくかぎられたもの以外は、TCPの使用は禁止されています」という指摘に対して、「承知しております。しかしわたしどもは、ごくわずかの量をもちいるならば、ヘキサクロロフェンとてそれほど危険なものであるとは考えておりません。あなたはごぞんじでしょうか。ブドウ状球菌にたいして、これほど殺菌力のあるものは、ほかにございません」と答えています。このような会社側の説明に対して、アメリカからこの事件を調べにきた高名な科学ジャーナリスト、ジョン・フラーは、外科用石鹸といった、ごくかぎられたものだけに用いるのなら、ヘキサクロロフェンの生産量はいまの千分の一、あるいはもっと少なくてもすむのではないかとバルトフォーゲルの言葉の虚偽性を見抜いているのです。(pp. 153～156)

要するに、この世界最大の製薬・農薬会社は、一つ間違えばダイオキシンという猛毒を生み出す危険性の高いTCPの製造をそんな危険性があることを少しも知らせないままにイタリアの労働者たちにさせていたのです。しかも、その製造目的を偽って。

先ほど紹介した船瀬氏は、このセベソ事件を次のように記しています。――「1976年イタリアのセヴェソという町で、ベトナム枯れ葉作戦用のダイオキシン工場が爆発。」(Bのp. 82)私はベトナム戦争で米軍が枯れ葉剤を使い、そしてそれには

ダイオキシンが沢山含まれており、それが原因でベトちゃんとドクちゃんのような子どもが生まれてきたのだというようなことは知っていましたが、ベトナム戦争で米軍が用いた化学兵器の原料がイタリアのセベソでつくられていたこと、そしてそれで大もうけをしていたのがスイスにある多国籍企業だったことは知りませんでした。戦争とはこうした非人道的な構図の上に成り立つものだということがよくわかった次第です。

しかし、戦争の時ではなく、また兵器に使われるのではなくても、ダイオキシンになるような化学製品が沢山つくられていることが今では分かっています。

北條先生の指摘によれば、ダイオキシン類には223の異性体（2個のベンゼン環と結合する塩素の数や結合する位置が違うが、性質・構造・毒性がダイオキシンと似ている）があり、その主な発生源は、①焼却（家庭ゴミ、産業廃棄物、医療廃棄物、野焼きなど）、②有機塩素系農薬（DDTなど）の製造過程、③塩化ビニールなど各種有機塩素系プラスチック製造の過程、④塩素漂白（紙やパルプなどの漂白など）、塩素殺菌の過程にあるそうです。

そして、我が国のダイオキシン類の発生量は、自治体の焼却場からの発生量をもとに推定すると、年間約5300グラムとされていると言いますが、調査されていない産業廃棄物処理場や野焼きから発生する分を考慮すれば、その数倍の量が発生しているのではないかという宮田秀明摂南大学教授の見解（宮田秀明『よくわかるダイオキシン汚染』合同出版）も紹介しています。（Aのpp. 47～48）

北條先生は、また、この宮田教授の日本化学会討論会（1998年）での発表データを紹介しておりますが、その内容はすさまじいものです。それは、茨城県新利根町のゴミ焼却場周辺の地域住民53人から採取した血液を分析したところ、ダイオキシン濃度が、女性5人の平均値では血液中脂肪1グラム当たり、549ピコグラム、男性13人の平均値では463ピコグラムであったというものです。1ピコグラムというのは、1兆分の1グラムのことですが、ダイオキシンはこの単位で問題にされるそうです。（Aのp. 51、p. 45）

船瀬氏は、上述のセベソ事件の時の調べでは、最悪汚染地区の住民7人の血液中のダイオキシン量が41～400ピコグラムだったことを紹介し、新利根町の住民は、

セベソの住民の最高値を超えるほどダイオキシンに汚染されていると指摘しています。船瀬氏は、また、埼玉県所沢市の産廃処理場周辺の土壌から90～300ピコグラムという数値のダイオキシンが検出された（95年～96年調査）ことに触れ、40ピコグラム以上は「農業禁止」、100ピコグラムは「子供の立ち入り禁止。表土の入れ替え」が義務づけられているドイツのダイオキシン土壌汚染規制を紹介し、何の対策や措置もとらない日本政府の無策ぶり・無責任さを非難しています。（Bのpp. 83～84）

　以上のことをつなぎ合わせて考えてみますと、日本は今や、ダイオキシン汚染に関して大変な状況下にあると言えるでしょう。ダイオキシンは、そのほとんどが食べ物を通して私たちの体内に入ってくるということです。日本人の食生活でお馴染みの魚介類は、食物連鎖（水中にとけ込んだ汚染物質を植物プランクトンが取り入れ、それを動物プランクトンが食べ、それを小魚が食べ、その小魚を大きな魚が食べ、さらにそれを人間が食するという連なりのこと）の過程を経て濃縮されてきた汚染物質を体内に取り入れ蓄積していますが、私たちは日常の生活の中でそれらを体内に取り込んでいるわけです。乳製品や肉・卵類にしても同じことです。それらの製品を生み出したり、製品になったりする動物たちがどんな飼料を食していたかを考えればわかることです。また、穀物や野菜などもダイオキシンをかぶったり、土壌から取り入れたりします。（Aのpp. 25～31）

　子どもの健康との関連を考えるだけでも、この問題は厄介です。なにしろ、母乳や牛乳までがダイオキシンに汚染されているというのですから。このような状況下で生活しているのですから、私たちは、日々、どのような食べ物や飲み物が安全なのかを確認していく必要があるわけです。このこと自体が大変骨のおれることだと思います。

　以上、ダイオキシンについて触れてきましたが、私たちが気をつけなければならない環境の中にとけ込んでいる有害物質は、ダイオキシン以外にも沢山あります。北條先生がまとめている「環境ホルモンといわれている化学物質一覧表」の中には、耐熱性や絶縁性にすぐれているため、電気製品を始めいろいろな分野にわたって使われていたPCB（ポリ塩化ビフェニール）類や、殺虫剤（過去に使われていたD

第7章　まとめ：子どもと関わるための基本的視点

DTもその中の1つ)、除草剤、殺ダニ剤、殺菌剤、船底塗料や漁網の防腐剤として使われるスズ化合物、それからプラスチックの原料や可塑剤となるものまでが67種類掲げられています。(Aのpp.20～23)

そこに掲げられている環境ホルモンとなりうる物質はどれも怖いものですが、私がダイオキシンやPCBや「一覧」に掲げられた全化学物質の約6割を占める農薬(Aのp.24)以外で特に気になるのは、プラスチックの原料となるビスフェノールAとわが国のプラスチック可塑剤の約9割を占めるというフタル酸ジエチルエステル類です(Aのp.62)。北條先生の指摘によれば、フタル酸ジエステル類は、低揮発性で水に溶けにくい性質のため、ポリ塩化ビニルやホース、機械器具部品、日曜雑貨のほか、ラップやカップ麺などの食品包装材、医療器具などのプラスチック製品に添加される可塑剤として広く使われているそうです。ところが、フタル酸ジエステル類は、油に溶ける性質があるため、油分を多く含む食品をラップしたり、パックしたりした場合、その成分が溶け出して食品中に移行し、体に入ってくることや、輸液パックなどの医療器具を介して血液中に移行する可能性があるそうです。そして、ビスフェノールAに関しても、プラスチックの哺乳びんからミルクへ、また缶のプラスチックコーティングから粉ミルクへと溶け出す可能性があるというのです。(Aのpp.62～63)

この缶のプラスチックコーティングの話は、実に怖いことだと思います。それは、ミルク缶だけの話ではありません。缶詰の缶も自動販売機に並べられている様々な缶飲料も皆内部コーティングされています。缶詰の中には油分を多く含む食材もありますし、缶コーヒーには温度が高く設定されているものもあります。今では、私たちはこうしたものをごく普通に飲食しています。これに、発砲スチロール製の容器に入ったカップ麺や添加物の入っている食品なども加えて考えたら、こうしたもののお世話になっていない人はどのくらいいるだろうかと思ってしまうほどです。

怖いのは、口から入ってくるものばかりではありません。身近なもので言えば、合成洗剤や住宅の様々な部分に使われている建材の中に含まれる化学物質も私たちの健康をそこないます。船瀬氏は「日本の家は環境ホルモンで建てられている」

と言い、住宅に使用されている環境ホルモンのリストを紹介しています。それらは、難燃カーテンやたたみ、サンルーフ、壁紙用クロス、床壁用タイル、ラッカー接着剤、アクリルラッカー塗料、合板接着剤、木材保存剤、電気製品の絶縁体、除草剤、床下防虫剤などに含まれる化学物質です。名称を挙げることを省きますが、いろいろなところに環境ホルモンと言われる化学物質がたくさん使われていることは事実です。(Bのp. 92)

このように、今や私たちは、環境ホルモンという人体に有害な化学物質に取り囲まれた環境の中で生活していることを認識しておく必要があります。私の息子の1人は、アトピーだとドクターに言われましたが、私は、アトピーなども体質説や家ダニ説がありますが、基本的には現代社会の食生活や住生活に帰因するのではないかと考えています(素人の見方ですが)。

それでは、環境ホルモンとは、どのように人体に有害なのでしょうか。北條先生のまとめでは、その有害性は発ガン性、催奇性、生殖毒性・免疫毒性、ホルモン撹乱作用にあるということになりますが、先生は、最後に掲げたホルモン撹乱作用は、その前に掲げたそれぞれの毒性の発現メカニズムにも関与している可能性が高いと考えているそうです(Aのp. 83)。

女性ホルモンのエストロゲンが多く分泌されると、発ガンのリスクが高まると言います。こうした状態にある時、女性ホルモン様作用を起こさせる環境ホルモンが加われば、一層ガン発生のリスクは高まるというわけです。また、プラスチックから溶け出すビスフェノールAとノニルフェノールは、乳ガンの発生との関係が疑われているそうです。さらに、DDTやPCBは、様々なデータから判断して、人の発ガンのリスクを高める可能性が高いということです。(Aのpp. 100〜104)

催奇性とは、普通とは異なる身体形態を発生させてしまうことです。ダイオキシ

---

(8) ホルモンが情報を伝えるべき相手のことを標的細胞といい、その細胞はホルモンと特異的に結合できるレセプター(受容体)を持っていると言います。そして、ホルモンとレセプターはちょうど鍵と鍵穴のようにピッタリ結合することによって(それを合図に)、一連の必要な反応が起こるそうです。環境ホルモンと呼ばれる化学物質の中には、にせもののホルモンなのに標的細胞のレセプターと結合し、本物のホルモンと同じような反応を起してしまい、結果的にホルモン作用を亢進させてしまうことがあると言います(例：エストロゲン様作用)。それとは反対に、本物のホルモンとの結合がしにくくなり、その結果ホルモン作用を阻害するケース(例：抗エストロゲン作用)もあるそうです。(Aのpp. 78〜79)

ンの催奇性については既に触れました。サリドマイドの薬害のことは多くの人がしっていると思いますが、その薬害を引き起こす正体も化学物質です。また、誕生当時は驚異の薬物と賞賛され、主に流産の予防薬として使用された合成エストロゲン、DES（ジエチルスチルベストロール）も、それを服用した母親から生まれてきた子どもの生殖器に異常をもたらしました（女児の場合：子宮、膣、卵管の奇形など、男児の場合：極端に小さい精巣、半陰陽、小さなペニスなど）。（Cのpp. 82～83、Aのpp. 90～93）

　生殖毒性は、生殖関係の器官や機能に異常をもたらすことです。環境ホルモン物質の多くが生殖障害を起こすということです。例えば、男性では、精子数の減少と劣化、生殖器の発育遅延と異常、前立腺ガンの増加、睾丸腫瘍の増加などが、また女性では、乳ガンの増加、子宮内膜症と不妊症などが報告されているそうです。（Aのpp. 94～100）

　上の例示のうち、精子数の減少と劣化について、情報を補足しておきましょう。精子濃度が低下傾向にあるとの研究を世に先駆けて発表したのはデンマークの研究チーム（代表：スキャケベク、1992年）だったそうです。その研究では、1940年以来精子数は世界中でほぼ半減したと結論づけているということです。この研究に対しては、その内容があまりにも衝撃的であるため、異議を唱えたり、反論したりする者が多く現れました。カリフォルニア州保健局所属の生殖疫学者スワンも、当初、その研究のデータについて疑念を抱いていたといいます。彼を中心とする研究グループが、デンマークの研究が扱ったデータについて偏りがないか調べたところ、デンマーク研究が記した約50％もの精子数激減は事実にまちがいなく、むしろ実際の低下はもっと切迫していると結論づけたということです。また、上の結論を確認できるような研究がその後世界の各地で進められているとのことです。（第一五章「『奪われし未来』以後の世界」、Cのpp. 378～381）

　免疫毒性とは、体を守る仕組みである免疫力を失わせるような悪影響を指します。ダイオキシンの免疫毒性には既に触れましたが、ダイオキシンの他にも免疫毒性があると知られている環境ホルモンには、PCB類、重金属類（カドミウム、鉛、水銀など）、有機塩素系農薬類（DDTなど）、有機スズなどがあるということです。こ

のうちの1つ、PCBの免疫毒性についてだけ紹介しますと、オランダのある工業地域と市街地の乳児を対象とした調査では、母乳からのPCBの曝露量の多い子どもたちには免疫能力が低下したり、甲状腺ホルモンが少ない[9]という結果が出ているということです。(Aのpp. 104～107)

　以上、環境ホルモンと呼ばれる物質がもたらす怖さの一端を紹介してきました。人間が生活の向上を目指して造り出した物質が人間を含めた地球上の生命体の存在を脅かすまでになっているとは、なんと皮肉なことなのでしょう。この問題は、それ自体、人類存亡にかかわる課題となっていますので、これをこの書物で取り上げることは大変荷の重いことだと思っています。しかし、親や大人の世代が子どもを育てるという課題に向き合う時、今やこの問題との関連や対応について考えざるをえないのではないかと私は思うのです。そのような訳で、この項の最後に、子どもを育てるということとの関わりでこの問題を見てみることに致しましょう。

　3年ぐらい前のことです。はっきりとは覚えていないのですが、あるテレビ番組で環境ホルモンのことをとりあげていました(環境ホルモンという名称を使っていたかどうかは定かでありません)。内容は、ごく単純なもので、アメリカのある湖(五大湖の一つだったと思います)の近くで行われた研究の紹介でした。それは稚魚を化学物質で汚染されたその湖の水に入れた場合と汚染されていない水に入れた場合の稚魚の行動比較をするという類のものだったように記憶しています。その結果は、汚染水の中の稚魚には仲間の稚魚を攻撃するものが現れたというものです。その番組は、つぎはラットでも同じような実験をしていました。この場合は、化学物質で汚染された餌を与えられたラットと普通の餌を食べているラットとの行動比較だったと思います。すると、この場合も、汚染された餌を食べたラットは仲間を攻撃し始めるという行動を示したのです。(今ここで示した場面設定や実験方法は私の記憶に基づいて記していますので、間違っているかも知れません。要するに、それは、ある化学物質を体内に取り入れた動物が、そうでない動物と比べた場合、攻

---

[9] 甲状腺ホルモンは、代謝を活発にする作用のほか、成長、分化、大脳の発達にも大きな影響力を持っているため、胎児期や脳の発達が盛んな乳幼児期に甲状腺ホルモンが欠乏すると、その子の生涯を左右するような発育障害や知能障害が起こるといいます(Aのp.124)。

撃的になったということを示す番組だったのです。）

　私は、何気なくこの番組を見ていたのですが、何かゾッとするものを後で感じました。この動物たちを人間に置き換えたらどうなるのだろうかと考えたからです。そして、最近言われるようになった、少年たちのキレるという現象の多発化にも、こうした化学物質による汚染が絡んでいるのだろうかと考えたわけです。もしそうであるとするならば、これは大変なことだと思います。なぜなら、今日では我が国の子どもたちは母親の胎内にいる時も、生まれてきてからも、環境ホルモンに汚染されずにいるということはまずないわけですから、程度の差こそあれ、誰もがキレやすい状態にあるということが考えられるからです。

　その辺りの研究が文献の中に存在するのかを確認するため、『奪われし未来』に当たってみました。そうしますと、そのようなことを追究する研究がやはりないわけではなく、そこには、実験室のラットやマウスを化学物質で汚染された水で飼育したところ、汚染水を飲んでいた固体には予想以上に高い攻撃性が現れたという研究報告のあることが記されていました。そして、コルボーンらは、そうした研究が米国社会で増大しつつある暴力とどう結びつくか今のところまったく不明であるが、化学汚染物質と動物および人の行動や攻撃性との因果関係を探っていく必要があると指摘しておりました。(Cのp. 348)

　環境ホルモンの怖さについて語ってきましたが、私たちはこの問題に対して、どのように対応していったらよいのでしょうか。私は、これには2つの対応が必要だと思います。その1つは、社会全体の認識を変えさせていくことにつながる行動をとることです。もう1つは個人で生活防衛をするということです。

　社会全体の認識を変えさせていくなどということが簡単に実現できるとは私も思ってはいません。しかし、薬を含めた多くの化学工業製品が人間や他の生命体にとって有害であることがわかってきた以上、そうした有害製品の製造は禁止すべきであると考えます。害がありそうだと疑われるものも同じです。人間にとっての利便性を優先させるような今までのやり方は根本的に変えていかなければなりません。そのためには、世界中の企業活動に枠をはめる規準が必要だと思います。とはいえ、国際的な規制はなかなか困難だというのであれば、せめて国レベルで、国民の

生命と生態系を守る規準をつくるようにしなければならないでしょう。日本は、ダイオキシン汚染のところで見てきましたように、安全基準が極めて甘いようです。そういう視点からは、現在の国の行政のあり方は問い直されなくてはならないのです。企業活動や政治家の姿勢を常に私たちが監視していなくてはならない理由がそこにあるのです。

　私たちの日常生活の中での意識の切り替えや行動・努力で対応しようとするのが、個人で生活防衛するということです。船瀬氏は、脱化学物質の自然生活こそが環境ホルモンから身を守る究極のライフスタイルであるといい、食生活(例えば、無添加食品や無農薬農産物のおすすめ、缶詰食品・缶飲料・カップ麺・プラスチック食器・輸入食品などは避けた方がよいというように)から、住生活(例えば、化学建材から自然素材へとか殺虫剤は危険というように)、衣生活(例えば、天然繊維の見直し、合成洗剤から石鹸へ、漂白剤はやめるというように)、暮らし方(例えば、塩ビ製品は買わない、プラスチックは燃えないゴミに、プラスチック製品から自然素材へというように)に至るまでの生活防衛策を私たちに指し示しております(Bのpp. 166～168)。

　環境ホルモンから身を守るための方法は、本書で紹介してきたどの本にも記されておりますし、これら以外にも環境ホルモンに関する書物は書店に行けば結構ありますので、皆さんがそれらを参考にしながら、自分なりの方法をつくられることを私はおすすめします。

5. 子どもと向き合うということ

　子どもが自律的な行動様式を獲得し、生活することが楽しく感じられるようになるまで親が子どもの庇護者となり、子どもと楽しくお付き合いしていくことの大切さを2節で語ってきました。子どもの方の成長度と必要度から判断すれば、親が上に述べたような配慮をしなければならないのは、大体小学生くらいまでだと私は考えています(もちろん、個人差はあります)。中学生くらいになると、子どもは身体も大人のように発達してきますし、自我についてもより意識するようになります。

仲間との関係、異性への関心、先生との関係、学校の成績のこと、現在熱中していること、将来の生き方についての不安、或いは夢など、これらはどれも子どもにとっては大変気がかりなことがらなのです。そしてまたこれらのことがらのうち、なにか1つにでも満足できないものがあるとすれば、それは本人にとっては悩みになるのです。

　ところで、中学生という年齢段階の子どもがどのような状況の中に置かれているのかを、ここで、改めて確認しておきましょう。これまでに既に述べてきたことですが、今の子どもたちは学校に行くことに高い価値が置かれている社会（学校化社会）の中に生きています。この社会を特徴づけるものは、競争です。そして、この競争の優劣は主として学力というものさしで測られています。ですから、学校の成績は、実績と自信のある一部の子どもには励みとなることもありますが、そうではない多くの子どもにとっては心の負担になります。成績が芳しくなく、教師からも評価されず、学校という公の学びの場で自己存在感や自己価値感を持てない生徒の中には、自分より弱そうな子を見つけ（仲間と一緒になって）いじめ行為をし、そんな形で日頃の鬱積した気持ちを晴らすものがいます。いじめを受けた子どもは、学校で問題解決を図るような適切な対応がなされない場合、学校に行くことができなくなります。大ざっぱな描き方ですが、ここに、現在の学校をめぐる問題がありそうです。

　こうした図式は小学生から高校生までの生徒たちすべてに当てはめることができますが、中でも中学生は強く競争社会のプレッシャーを感じているのではないでしょうか。なぜなら、現在の教育システムの中で、高校受験は、大方の中学生にとって越えなければならない最初のハードルでありますし、加えて入学する学校の種類（普通課程か実業課程か、進学校かそうでないか）がその後のおおよその進路を規定してしまうという世間一般の認識と現実があるからです。

　中学生たちは、おぼろげながら自分の将来について想像したり、夢を見たりしますが、目の前の課題が沢山あるため忙しく、現在及び未来における生き方について深く考える時間的余裕があまりありません。そして、勉強・部活・仲間との交遊という結構多忙な学校生活を過ごしながら、彼らは、一方では親の期待を意識するよう

になってきます。次から次へと出されてくる学校からの成績評価、そしてそれに伴って出されてくる親の自分に対する評価と教育期待。親の期待は明示されなくても子どもに伝わりますので、やがて子どもは親が自分に向けて考えている進路についての方向性や期待と自分が自分自身の能力について推し量るものとの間にズレを意識するようになるでしょう。そうしたズレがない子どもは幸せです。この場合は、例えば三者面談の時、親の評価と子どもの自己評価がほぼ一致するわけですから、進路を決めていく場合、課題となるのは教師の見解やお勧めとの間の調整だけです。

　高校進学について考える場合、この親の期待（と子どもが思うもの）と子どもの自己評価のズレは、双方で解消を図るべき重要な課題となります。子どもが入れたらいいなと思う高校と親が行かせられたらいいなと思う高校とが、入学に必要とされる学力水準が同じくらいで、しかも子どもの学力がその水準に達しそうな（或いは既に達している）場合は前述のようにあまり問題になりません（もっとも、子と親が考えている高校の入学難易度が同じくらいであっても、校種が異なるほどの違いがあれば、問題は生じますし、公立か私立かというような違いであれば、親の経済力が問題となります）。しかし、上の2つの間には多少なりともズレがあるのが普通です。そこで、子どもと親は進路について十分に話し合っておく必要があるのです。

　それでは、そうした話し合いを親子でする場合、親はどのようなことに留意したらよいのでしょうか。私は、ここで、2つのことを提案したいと思います。1つは、まず、子どもの考えを聞くことです。ここで言う"聞く"ということはただ聞けばよいということではありません。子どもにどうしてそう考えるのか、その真意を聞いておく必要があると思います。その上で子どもの考え方を尊重するということです。2つは、近未来も含めて将来どのような生き方をしたいと考えているのかを聞き、その生き方と子どもが表明している高校選択の間に整合性がある場合、その考えを支持して上げることです。もしも、子どもの言うことが著しく整合性を欠いているように聞こえるのでしたら、その時は率直にその点を子どもに尋ねたらいいと思います。そして、何か子どもにアドバイスをして上げられたらいいですね。親は

人生の先輩です。ですから、親は子どもに自分の時の経験や求められている情報を、学校の先生とは違ったやり方で話して上げることができるはずです。例えば、子どもが思い描く未来を実現していくためには、どのような資格が必要なのか、またその資格を得るためにはどのような学校で学ぶ必要があるのかなど、親が知っている範囲の情報で結構ですから、子どもに語ることです。

　しかし、ここで、間違えてはならないことを一つだけ述べておきます。それは、子どもの思いに添ってアドバイスをする、或いは相談にのるということであって、親の方の希望や期待を子どもに提示することではないということです。子どもは自分の未来を自分の意思で設計し、それを実現していくよう努力しなければならないからです。自分で設定した目標なら、力が及ばなかった時、子どもは現実の状況に合わせて目標を変更することができます。ですが、親から与えられた、或いは子どもが親の期待を取り入れて設定してしまった目標は、子どもはなかなか変えられないからです。このような時、子どもは本書で見てきましたように追いつめられるのです。

　私は、上に述べた、子どもの考えを聞き、その考えを支持するという姿勢は非常に大切だと思います。このことが、"子どもと向き合う"ことだと私は思っています。不登校について述べた章で、シンポジウムに来られていたお母さんたちのお子さんとの関わり方を紹介してきましたが、そこにもこのような姿勢が表れていました（子どもの心と向き合って生きているお母さんたちの姿勢が）。

　文部科学省が競争を少しでも緩和しようと、偏差値をはじき出す業者テストを学校から閉め出そうとしたのは最近のことです。そして、学校の中でも生徒たちを機械的に序列化してしまうことになる5段階相対評価を止めて、評価は到達度にしましょうと言ったのはもっと最近のことです。教育行政上のこうした措置は、遅すぎた感じがないわけではありませんが、正しいものだと私は思います。しかし、このような対策だけで学校における競争が少なくなるということはないでしょう。なぜなら、学校における競争は元々その外側にある全体社会との関係から生まれてきているからです。言葉を換えて言いますと、現代日本社会の仕組みが不平等にできていて、その歪みが学校という教育の世界に競争をもたらしているのですから、学校から悪しき競争をなくしていくためには、全体社会そのものの歪みを是正してい

かなければならないのです。

　我が子をより良い学校（進学校）へ入れさせたいという親の意識は、こうした現代社会の中で生じてきます。より良い職種（正確には、より条件の良い職種）に就くのに有利だと言われている有名大学、そしてそれらの有名大学に多くの卒業生を送り出している高校へ我が子を進学させたいと思う親心は、こうした社会の中にあっては、常識的なものなのかも知れません。しかし、そうした親の思いと子どもの志向は必ずしも一致しません。だからこそ、親が子どもの考えている将来の生き方に理解を示し、子どもの思いを支えていくことが求められるのです。中学生くらいの年齢段階では、まだその方向性を見いだし得ない子も沢山いるでしょう。それでも、親が子どもと子どもの将来について語り合うことは、親子のコミュニケーションを図るという意味でも、子どもの心を理解し、子どもを見守るという関わりをしていくためにも、必要なことだと思うのです。

　子どもが高校生ともなれば、将来の生き方について考える機会は増えます。それは、学校側の指導方針とも絡みますし、子ども自身の生き方についての探求が中学生の時よりも活発になることとも関連します。学校側の指導方針とは、例えば大方の子どもが進学する普通課程の高校ならば、一年生の終了までに、二年から文科系のコースで学ぶのか或いは理科系のコースで学ぶのかの選択を生徒はしなければならないということです。当然のことながら、子どもはここで自分の進路についての重大な選択を迫られることになるわけです。それは、実業課程の高校でも同じです。高校終了後に進学するのか、就職するのかの意思決定をどこかの時点でしなければなりませんし、就職する場合、より具体的な職種や事業所への就職志望を表明していかなければなりません。また、生き方についての探求とは、いわゆる青年の自我同一性の追求ということと同じですし、若者の自分探しというような別の表現で意味するものとも重なります。このことは、高校生くらいの年代になると青年は自分の生きていくべき道を真剣に考えるようになるということです。

　書物を読んだり、友や先輩と語ったり、或いは学校の教師と話したりして、自分の生き方の指針になりそうな事柄や人生モデルを得ようと子どもはしますが、自分が考える生き方に親から同意を得たり、求める生き方について親からアドバイスを

もらったり、相談にのってもらったりすることは、子どもにとっては大きな励ましになるでしょう。このことは、高校生より上の年代の若者についてもあてはまることだと思います。

　そして、このようなことが可能であり、より自然に行えるのは、親が子どもにとっての"意味ある他者"になっている時だろうと、私は考えるのです。こんな時、子どもは親を信頼し、心を開いているのだと思います。

8章

私の"意味ある他者"研究

この章は、本書の基本的な視点となっている"意味ある他者"の概念を読者の皆さんによりよく知っていただくために設けました。同時に、関連する、私の行ったささやかな研究を紹介しておきたいと思います。お読みいただければ、幸いです。

1．"意味ある他者"の概念について

　"意味ある他者"とは、原語は" significant others"で、Hans H. GerthとC. Wright Mills（以下、ミルズら、と表します）が創り出した用語です。"意味ある他者"とは、彼らの著書の訳本『性格と社会構造』（現代社会学大系第15巻、青木書店、1970年）によれば、「人が注意をはらい自分の評価が自己の評価に反映されるような人びとのこと」(p. 110)と記されています。私は、他の説明も読んでこの概念規定の部分を見ますので、その意味するところは大体理解できますが、この訳文だけではとても意味が通じないと、最初にこの本を読んだ時に、感じました。そこで、原文[1]に当たってみることにしました。そうしますと、原語では、その部分の文章は"Significant others, as we have remarked, are those to whom the person pays attention and whose appraisals are reflected in his self-appraisals."となっていました。この部分を、私流に直訳しますと、次のようになります。――「（既に述べてきたように）意味ある他者というのは、人が注意をはらう他者の自分への評価が自己の評価に反映されるような人びとのこと」

　先の訳文のどこがまずいのかをいいますと、それは「自分の評価」の部分です。この部分をその前の言葉と続けて修正してみますと、「人が注意をはらうような他者であって、その他者の自分への評価が自己の評価に反映されるような人びと」というようになります。これなら意味が通じます。このように、「へ」という1字が抜けただけで意味が通じなくなることがありますので、翻訳の仕事は大変だと思います。

　さて、このように修正はしてみましたものの、これだけではまだ、そのイメージ

---

(1) 私が照らし合わせた英語版の本は、Character and Social Structure THE PSYCHOLOGY OF SOCIAL INSTITUTIONS by Hans Gerth and C. Wright Mills ROUTLEDGE & KEGAN PAUL LTD (1969, Printed in Great Britain)です。照らし合わせた箇所は、95頁にあります。

が今一つ掴めません。そこで、重要と思われる、意味ある他者についての他の説明箇所を、下に、2つほど抜き出してみます。
①「個人にとってなんらかの点で重要な人間の評価だけが自己イメージの形成と維持に影響をあたえる」(訳本 p. 100)
②「他者がわれわれについての意見を持っているという自覚と、われわれにとってもっとも重要な意味をもつ人びとによく思われたいという願望は、当然われわれの行動に影響をあたえる」(訳本 p. 106)

そうしますと、①からは、個人のまわりにいる人みんなが等しくその個人に影響をもたらすのではなく、本人にとって何らかの点で重要な意味をもつ人の評価だけが問題なのだとわかります。そして、②からは、人には、①のように特定された他者からよく思われたいという願望があり、そのため、その他者が持っている自分への意見が自分のこれからの行動に影響を及ぼしていくということが伝わってきます。

こうした解釈を経て、私は、ミルズらの言う"意味ある他者"を、「ある個人にとってなんらかの意味で重要な人であり、その人の自分への評価がとても気になり、その人の評価を自己の評価にとり入れざるをえないような他者のこと」と規定してみました。

上の私の概念規定の中に、「その人の評価を自己の評価にとり入れざるをえない」という部分がありますが、ここはこの用語で重要な意味をもっている箇所ですので、その説明をつぎにしておきたいと思います。

ミルズらは、上述の書物で、「自己の統一性」ということに触れ、以下のようなフランク・ジョーンズの言葉を紹介しています。――「だれしも三つの人から成りたっている。つまり、自分であると自分自身思っているもの、他の人びとが彼であると思っているもの、そして他者が彼であるとみなしていると自分自身思っているもの、の三者である。第四の――本当の彼であるもの――は理解されない。おそらくそれは存在しないのである。」(訳本 p. 106)

私は、このフランク・ジョーンズの言葉は、ミルズらの言う"意味ある他者"の概念を理解するのには欠かせないものだと思っています。そこで、彼が述べているこ

とを、ここでまず確認しておくことにします。

　ここで言われている、一番目の「自分」はわかりやすいですね。これは、自分が捉える自分自身の姿とも言い換えられます。「他の人は自分のことをどう思っているかはしらないけれど、自分は本当の自分を知っている」と言う時の、この「本当の自分」に当たる「自分」です。そして、この「自分」はその人の意識の対象となっている自分でもあります。

　二番目の「自分」は、他の人びとが捉えている自分についての姿と言えるでしょうか。この場合、他の人びとと言っているのですから、その姿は複数にあるわけです。そして、その姿は他者が抱いているものですから、本人にはその正確な像は意識できません。

　三番目の「自分」は、自分のことを他者がどのように見ているのだろうかと意識した上で、その他者が持っているだろうと推測する自分についてのイメージと言えます。

　さて、ここで重要なのは、他の人びとが持っている二番目の「自分」一つひとつが大切なのではなく、大切なのはその本人がよく思われたいと願う人がもつ「自分」であるという点です。だから、その人から投げかけられる三番目の「自分」にこそ本人の関心がいくことになります（本当は、そうした他者が持つ二番目の「自分」を良くしたいのですが、その「自分」は他者の心の中にあるものですから、本人はその真の姿を確認できません。第三番目の「自分」なら、その他者が伝えてくれるメッセージやその人の自分への対応から、その輪郭くらいは思い描けます）。

　このことを理解してもらうため、私は、"意味ある他者"理論の観点からは少しずれるのですが、授業の中で、中学生のあるクラスの中でのA君のお話をよくします。このA君と彼を取り巻くクラスメートたちの話は、私の全くの作り話です。これより、そのお話を致しましょう。

　　さて、皆さん。皆さんの中学時代のことを思い出しながら、私の話を聞いて下さい。ある中学校のあるクラスのA君についてのお話です。A君はどちらかと言うと"がさつ"な印象をまわりの人に与えてしまうタイプの子です

が、心根はそれほど悪くはありません。そして、そのA君にはクラスの中に密かに心を寄せるFさんという女生徒がいます。しかし、自分の気持ちをFさんに告白するだけの勇気はまだありません。

　ある日のことです。A君の席近くによくおしゃべりするC子さんとD子さんがいますが、A君が休み時間に用事をすませて教室に戻り、自分の席に着こうとした時、そのC子さんとD子さんがA君に話しかけます。「ねぇー、A君。私たち、今、あんたのこと噂してたのよ。実は、Fがね、あんたのこと言ってたわよ」と。ここで、この「Fがね、あんたのこと」という言葉がA君の耳をとりこにしてしまったのです。A君は2人に聞くのです。「Fさんがぼくのことをなんて言っていたの」と。(Fさんについての情報なら何でも知りたいA君なのです。ましてや、あこがれのFさんが自分について何かを言った。目を輝かせて聞こうとするのも無理ないですよね。)

　「この間の放課後、A君、1人で資料室を掃除していたんだって？　それを見た、Fがね。『誰も見ていないのに、みんなで使う部屋を1人で黙々とA君が掃除していたの。あんなA君初めて見たわ。A君って、結構いいところがあるわねー』だって。」それを聞いたA君の心は幸せな気持ちで一杯になりました。そして、A君はつぎのように思ったのです。―「そうか、Fさんは人知れず、みんなのために仕事をする人が好きなんだ」と。そして、今までそうした行動パターンをA君は持ち合わせていなかったのですが、このことを聞いてから、A君はこれからは進んでそうした仕事をやるようにしようと思うのでした。(実は、A君が資料室をその日1人で掃除していたのは彼が先生との約束を守らなかったので、罰として先生から命じられたからなのです。そして、そんな事情があったことを知らないFさんがその日偶然その働くA君を見かけたのでした。)

　しかし、A君がこんな気持ちになれたのは、上のように言ってくれたのが、Fさんだったからなのです。もし、それがA君が何の関心も持っていないI子さんやJ子さんの言葉だったら、A君は「あっそう」というだけで、A君のその後に何の変化も起こらないのです。

Fさんは、A君にとって自分のことを良く評価して欲しいと思う人であったからこそ、A君はFさんから自分に対して投げかけられる良い自己イメージに自分を合わせようとしたのです。他の誰かではこうした変化は起こらないのです。

　この作り話は、正確に言えば、"意味ある他者"の例としては適切でないところがあります。と言いますのは、"意味ある他者"という用語は、普通、まだ1人前の社会人となっていない少年や青年が、彼らより年配の人から投げかけられる期待に応えようと行動する中で、社会で通用するより高いレベルの社会規範を獲得していくという過程に現れる、その影響力ある年配者について用いられることが多いからです。上の例では、FさんはA君の同級生になっています。この話は、特定の人からの評価が重要であることをわかりやすく説明するために創作したものです。

　また、"意味ある他者"理論は、影響を受けるのが大人である場合にも使えないわけではありませんが、大人については、他者からの評価や他者の意向を意識しすぎるのはその主体性を疑われます。そのようなわけで大人についてはあまり使われていません。

　それでは、つぎに私が、例の『パイデイア』誌に、子どもの自我の発達と関連させて"意味ある他者"について書いた文がありますので、以下にそれを紹介しておきます（これも例によって、「である」調のまま、かつ、繰り返しの部分がありますので、それらをカットして提示することにします）。

　　（省略）非行と呼ばれる行動は、社会の期待からはずれた逸脱行動であり、社会の側からみて不適応な行動である。子どもが何故そんな不適応な行動をとるかをここで考えてみたい。これは子どもの自我の発達という観点から見ていくと理解しやすいと思う。
　　G・H・ミードは自我の十全な発達には、次のような2つの一般的段階があ

----
(2) これは、社会学で言う社会化（socialization）の過程の一つにあたります。

るという(ミード『精神・自我・社会』より)。その第一段階では、ある個人の自我は、彼が他の個人達と一緒に参加している特定の社会的行動において、他の個人達が彼に対して、またお互いの間でとる特殊な態度を組織化することだけで形成される。ところが自我の十全な発達の第二段階だと、自我は、こういう特殊な個人的態度の組織化によってだけでなく、「一般化された他者」または彼が属している社会集団全体の社会的態度の組織化で形成される。このことは次のことを示唆している。人は親や友達など個々の他者の役割期待を取り入れるだけではなく、総合・一般化の過程を通して共同体の自分に対する期待もしくは社会的規範を内面化することによって社会的自我(社会規範に対応する自我のこと)をもった人間になりうるということである。人は、意識的なコミュニケーションや思考において自分自身を対象としてとらえることができるがゆえに、他者の態度を内面化し、他者が自分に期待している役割を取り入れることができる。

こうした自我の形成がすべての子どもに確実になされれば、その社会では子どもの非行はあまり問題とならないだろう。が、このことは現実の社会ではそれほど容易なことではない。何故か。その辺の理由をミルズらの理論(ガース&ミルズ『性格と社会構造』)から学びとってみよう。

ミルズらは、われわれの良心なるものを「一般化された他者」または超自我ととらえるが、ミードの用語である「一般化された他者」のとらえ方に若干の修正を施している。それは、ミルズらが、一般化された他者が必然的に「社会全体」を組み入れているとは考えないという点に表わされている。ミルズらは以下のようにいう。いかなる人の一般化された他者も必ずしも「コミュニティ全体」あるいは「社会」を代表するものではなく、ただ彼にとってこれまであるいは現在重要である人びと(「意味ある他者」「有意義な他者」ともいう)を意味しているにすぎない。しかもこれまで重要であった他者のうちの何人かは、一般化された他者として作用せず意識から除外されるという事実は、望ましい自己イメージを確証してくれるものを重要な他者として選択する原則と一致するものである、と。

ミルズらのこの部分に関する貢献は、「一般化された他者」の経験にかかわる具体的な人物を子どもの回りに導入したことであり、しかも、そうすることによって「一般化された他者」そのものが変容しうる視点をも与えてくれたところにあろう。このことは、つぎのような重要な命題を含んでいる。即ち、われわれが良心と呼ぶものに相当する「一般化された他者」は、仮にそれがある子どもの物心がつくころまでに形成されつつあったとしても、その子のその後の社会関係や置かれている社会状況によっては、その子本人の別の意味の「良心」がつくりだされる可能性がある、ということである。
　ミルズらを再び引用して言うならば、こうなる。人の一生には自己を再確認してくれる他者をつぎからつぎへと選び求める傾向がある。……公的な場において自己を確認する他者を探しだすことに失敗したばあい、人は確認を与えてくれる他者を、少数の親密な他者に求めるであろう。(省略)
　【拙稿「青少年の非行について—序論的考察・その2—」、『パイデイア第6号』、1983年】

　この小論もわかりやすく書いたつもりですが、専門用語が入っていて、読み返してみてもかなり難しそうです。そこで、ポイントとなる部分についてだけ、ここで説明を加えたいと思います。
　まず、ミードの自我の十全な発達というところを補足してみます。ミードは十全な自我の発達に関する2つの段階の差異を"ごっこ遊び"と"ゲーム"の違いで説明を試みています(前掲書[3]、20遊戯、ゲーム、一般化された他者、pp. 164〜176)。
　"ごっこ遊び"は、幼児に好まれる遊びですが、この場合、幼児が既に慣れ親しんでいる人たちの中の誰か特定の人の役割(立場)が幼児によって演じられるのです。ですから、例えば家族ごっこだったら、Aちゃんはお父さん役、Bちゃんはお母さん役、そしてCちゃんは子ども役というようになります。すると、AちゃんはAちゃんちのお父さんを思い浮かべながらお父さん役をやり、BちゃんはBちゃんちの

---

(3) ミード『精神・自我・社会』、青木書店、1973年。

お母さんを思い浮かべながらお母さん役をやり、Cちゃんはcちゃんちで自分がお父さんやお母さんに対してしている（お話したり、甘えたり、お願いしたり、世話してもらったり、などする）ように子ども役を演じるのです。この役柄は家族の中でよく見知っているものですので、それを演ずることはそれほど難しくはありません。

　しかし、"ゲーム"ともなりますと、もう少し高度の理解が必要になってきます。例えば、野球ですと、1つのボールをめぐってゲームが展開するわけですから、ゲームへの参加者は、ピッチャー、キャッチャー、バッターを含め、全てのポジションの者が果たすべき仕事内容（役割）を知っていなければならないのです。その上で、今自分が就いているポジションの役割を果たそうとするのです。例えば、ライトを守る子であれば、ライト方向に来るボールをまずグローブに収めなくてはなりません。そして、捕った後でそのボールをどこに送らなければならないかを瞬時に判断し送球します。また、攻める側になり、順番が回ってきたら監督から期待される打ち方をしなければなりません。そうしたことが出来てはじめてゲームに参加できるのです。つまり、野球の場合、プレイヤーは、そのゲーム全体のルールと自分（が就いているポジション）に対して寄せられるチームからの役割期待を認識出来なければならないのです。そして、このことは野球以外のゲーム一般についても言えることなのです。

　『パイデイア』誌に、「自我の十全の発達の第二段階だと、自我は、こういう特殊な個人的態度の組織化によってだけでなく、「一般化された他者」または彼が属している社会集団全体の社会的態度の組織化で形成される」と記しましたが、この文章中の"特殊な個人的態度の組織化"のところが"ごっこ遊び"に取り入れられている能力に相当し、"「一般化された他者」または彼が属している社会集団全体の社会的態度の組織化"のところが"ゲーム"の参加者に必要とされている能力に当たります。

　そして、このことは、その後に続く「人は親や友達など個々の他者の役割期待を取り入れるだけではなく、総合・一般化の過程を通して共同体の自分に対する期待もしくは社会的規範を内面化することによって社会的自我（社会規範に対応する自我のこと）をもった人間になりうる」という文章についても同じように対応します。

先の野球の例で言えば、"ゲーム全体のルールと自分に対して寄せられるチームからの役割期待を認識できる"とは"総合・一般化の過程を通して共同体の自分に対する期待もしくは社会的規範を内面化する"ということに繋がるのです。
　これで『パイデイア』誌に記した私の文章の前段の説明を終えますが、この小論で私が強調したかったのは後段の部分なのです。そして、特に大切なのは、私たち日本人が「良心」と呼ぶものは、ミードの言葉で言えば「一般化された他者」というものに当たるのですが、ミルズらが修正を加えたお陰で、「良心」そのものが変わりうるという視点が提示されたことです。「これまで重要であった他者のうちの何人かは、一般化された他者として作用せず意識から除外されるという事実は、望ましい自己イメージを確証してくれるものを重要な他者として選択する原則と一致するものである」(4)と記している箇所が、その重要な指摘をしているところです。
　1つ例を考えてみます。ある子どもが小学生までは順調に育てられたとします。ところが、中学に入ってから、家庭崩壊が起こり家の中の人間関係が極めて険悪になりました。父親と母親は喧嘩ばかりし、離婚寸前の状態です。父親はその子どもに当たり散らすようになり、母親もその子どものことを考えたり、世話したりする以前の母ではなくなりました。このような状況の中で子どもは勉強も手につかず、学校での成績も下がる一方でした。学校に遅刻することや出された課題をやらないことが多くなり、結果として教師からは問題の多い生徒と思われるようになり、友達とも良い関係が持てなくなりました。こうして家庭でも学校でも満たされることがなくなったその子は、いつしか夜の街をうろつくようになりました。そんな時、その子に声をかけたのが暴走族のリーダーだったのです。そのリーダーの男は、その子が通っている中学校を卒業しており、近くの高校を中退しています。ツッパリをやっていて学校で問題を起こし退学した（させられた）のでした。当然のことながら、その男は学校や教師にはいいイメージを持っていません。彼は、中学校の後輩でしかも学校や教師に対していい感情を持てなくなっているその子に親近感を覚え、その子のことを可愛がります。バイクの走らせ方や喧嘩のやり方など、今ま

---

(4) 前掲書、p. 110。

でその子が経験したことのない（その子にとっては）魅力的なことを次々と教えてくれたのです。そのような特訓の甲斐あって、その子は学校では上級生も怖がるような存在になりました。そして、その子はその暴走族のリーダーをすっかり尊敬するようになっていたのです。こうして、この子が今まで持っていた「良心」の中身が変わりうる基盤が出来上がったのです。

　上の例に当てはめながら、これより、ミルズらの言っていることを確認してみましょう。まず、この子は、他の子たちと同じように、小学生まではごく普通の家庭環境で育ちました。ですから、この子はお父さんやお母さんが教えてきた様々な社会規範（世の中でやってはいけないこと、或いはある状況の中でやらなければいけないことなど）や子どもを育てることに職業的に関わる教育（養育）者から学んできた同様の社会規範を心の中にその子なりの統一された形で保持しているのです。ところが、中学に入ってからは、父親も母親もその子にとっての"意味ある他者"ではなくなりました。父親はその子につらく当たるだけで、母親も以前のように親身になって話を聞いてくれません。両者ともその子に良い自己イメージを投げかけられなくなってしまったのですから、その段階でその子にとっての"意味ある他者"から外れることになるのです。"意味ある他者"であり続けるためには、その子の成長を願い「こんなふうに生きて」というその子に対する期待感がなくてはなりません。親から投げかけられるその自己イメージがその子にとって気持ちのいいものであるならば、親は"意味ある他者"でいられるのです。ですが、そうではなくなった２人。その子にとって"意味ある他者"であったからこそ、その子の心の中に取り入れられ、良心の一部となったその社会規範は、こうしてその効力を失っていくのです。学校の先生から教わった社会規範にしてもそれは同じことが言えます。学校の教師は大勢おりますし、その子の価値意識の形成に関わった教師も複数いるでしょうが、その子の記憶の中にいい印象を残した教師だけが"意味ある他者"として生き残り、その先生の教えが「一般化された他者」として機能するのです。子どもから"意味ある他者"として意識されない教師から教えられた社会規範は始めからその子の心の中に定着しないでしょうし、仮に記憶されたとしてもそれは単なる記憶以上の意味を持ちませんし、そのため記憶から消えるのは時間の問

題なのです。

　かつては親しみも感じ、信頼も尊敬もしていた父母や教師たちがその子の心の支えにならなくなった時、代わりにその子にとって大きな存在となって登場してくるのが、ここではその子に目をかけてくれた暴走族のリーダーなのです。このリーダーは、その子を子分にするというのではなく、その子を自分の弟のように面倒をみます。そして、時にはその子が久しく受けていない望ましい自己イメージも投げかけてくれます。(いま、仮にその子の名前をK男としますと)「おう、K男！　この間、やり方が汚ねえって、生徒会長に焼きをいれたんだって！　お前も最近すっかり根性が座ってきたな！　大体、学校の先公たちはョ、自分たちのいうことをよく聞く優等生ばっかりひいきしやがるからな！」とK男を褒めます。暴走族の仲間たちにも一定のルール観があります。例えば、闘うときは汚い手を使わず正々堂々とやるだとか、仲間を裏切らないだとか、人から助けを求められたら決して見捨てないだとかいった、その世界で通用する「正義」の見方です。

　この「正義」の見方こそがK男の心の中では新しい「良心」になるかもしれないのです。何故ならK男の現在の"意味ある他者"は、この暴走族のリーダーだからです。K男が尊敬するこの男の価値の規準がK男の心の中に取り入れられて、それが「一般化された他者」としてK男に機能するということは否定しきれないのです。

　『パイデイア』誌の中で、「われわれが良心と呼ぶものに相当する「一般化された他者」は、仮にそれがある子どもの物心がつくころまでに形成されつつあったとしても、その子のその後の社会関係や置かれている社会状況によっては、その子本人の別の意味の「良心」がつくりだされる可能性がある」ということや、「……公的な場において自己を確認する他者を探しだすことに失敗した場合、人は確認を与えてくれる他者を、少数の親密な他者に求めるであろう」[5]ということは、上の例に示したようなことなのです。

　子どもにとって、公的な場とは、普通学校を指します。その学校で、自己を確認しうる他者(ここでは先生のような大人と考えてよいでしょう)を見いだせない場

---

(5) 前掲書、p. 105。

合、子どもは学校の外やどこか他の場所で自分のことを認めてくれる他者を見つけようとするのです。そうした子どもたちが新たに見つけ出した"少数の親密な他者"は、正統派の学校文化から見ればアウトロウの世界の者かもしれませんが、当の子どもたちにとっては他の大人たちが投げかけてくれない望ましい自己イメージを与えてくれる大切な先輩たちなのです。ここに1つの大きな落とし穴があるのです。

　以上で"意味ある他者"の概念についての説明に区切りをつけたいと思いますが、1つだけお断りしておきたいことがあります。それは、良心の形成に関することで、既に第6章で触れたことでもあります。私は、ミルズらの考えに則った上で、さらに、良心の形成はパーソナリティの形成と同じくらい時間がかかるものだと考えています。しかしながら、精神分析学で言う「スーパーエゴ（超自我）」はほとんど幼児期までに出来上がってしまうということです。ですから、フロイトの説の中に出てくる「スーパーエゴ」とミルズらが言う「一般化された他者」としての「良心」とは重なる部分があるにしても、その意味合いには差があるのではないかと私は考えています。そして、広辞苑に出ているくらいのごく常識的な意味での「良心」(前述)を私自身は思い浮かべてみました。これなら、青年期になってからでも、さらには成人になってからでも良心が形成されることはあると考えられるからです（罪の意識を何ら覚えず、罪を犯した人間が、ある状況下で——例えば御仏の教えを学ぶことで——自分の犯した罪の大きさを知り、深く反省することはあり得ることだと思います)。

2. 私の"意味ある他者"研究の紹介

　私の"意味ある他者"についての研究は、昭和54年から始まりました。私が山形に赴任してから最初に行った「高校生及びその親の生活意識に関する調査」[6]がそれに当たります。この調査の結果を用いて書いた論文が、「高校生の公徳心についての一考察——山形市内公立高校生の意識調査を通して——」[7]です。
　この調査の目的は、論文の標題になっている"公徳心"[8]が山形市（周辺の）高校

生にどれほど身についているか、青少年の公徳心形成に強い関連をもつ要因は何か、親は子ども(青少年)にどのように接し、どのように成長してほしいと思っているか、等々を明らかにすることでした。

そして、論文の方の意図は、その調査結果を用いて、本調査の先行研究にあたる"公徳心に関する"総理府調査(「社会規範調査」と「家庭と青少年についての調査」のこと)で示された傾向が山形(市)ではどうなのかという、その簡単な比較をすることと、青少年のパーソナリティ形成に関する"意味ある他者"理論の有効性を確かめることにありました。

この論文の意図の後者の部分を紹介することが本節のメインの課題となりますが、その前に本調査の先行研究となった総理府の、先に示した2つの調査の中の重要な質問項目を紹介しておきましょう。

「家庭と青少年についての調査」(昭和51年度)は、13歳～18歳の学校に通学する青少年及びその青少年を子どもとして持つ父母を対象とし、青少年に対しては、①道路や公園をよごさない、②列のわりこみなどをしない、③老人や体の不自由な人をいたわる、④電車や図書館の中などで、ほかの人のめいわくにならないようにする、⑤人によくあいさつをする、⑥言葉づかいに気をくばる、⑦交通ルールをよく守る、⑧借りたものは忘れずにかえす、⑨人と約束した時間はよく守る、といったことがらが身についていると思うか、また、そういったことがらについて父親や母親から注意されることがあるかなどの質問をしています。また、それに対応させて、父母に対しては、①から⑨までのことがらが自分の子どもに身についているか、

---

(6) 山形市内の7公立高校と上山市の1公立高校(計8校ですが、うち普通高校5、工業、商業、農業の実業高校各1)の2年生及びその親を対象とし、"高校生調査"では678、"親の調査"では639の有効回答を得ました。有効回答率はそれぞれ、91％、86％です。
　本調査の結果は、山形大学教育学部教育社会学研究室・社会教育研究室『「高校生及びその親の生活意識に関する調査」報告書』にまとめてあります。
　なお、この調査の実施に当たっては、溝口謙三教授が各高校の校長に調査協力の依頼をすべてして下さいました。溝口先生に改めて感謝申し上げます。
(7) 山形大学紀要(教育科学)第7巻、第4号、昭和56年。
(8) 「公徳」とは、「社会の公共生活で、特に守るべき道徳」(久松潜一監修:新潮国語辞典―現代語・古語―、昭和40年、新潮社)のことで、「公徳心」とは「公徳を重んずる精神」(新村出編:広辞苑第二版、昭和44年、岩波書店)のことです。

またそういったことがらで自分の子どもに努めて注意していることがあるかなどを尋ねています。私たちの調査では、それらをそのまま使わせてもらいました。

「社会規範調査」(昭和49年度)は、18歳～24歳の青年及びその青年を子どもとして持つ親を対象とし、①公園のクズかごにゴミを入れないで道や芝生にゴミを棄てる人が多いですか、②あなたは、大ぜいの人のいるところで暴力をふるったり、よっぱらって他人に迷惑をかけたりしている人がいる時、積極的にやめさせるようにしますか、それとも無視しますか、等々の質問をしています。私たちの調査では、次のような質問を設けました。

つぎの場合、あなたならどうしますか。(どちらか一方を選ばなくてはならなくなったとして、必ずどちらかに○印をつけて下さい。)
(1) 大ぜいの人のいるところで暴力をふるったり、よっぱらって他人に迷惑をかけたりしている人が目の前にいます。そのときあなたなら、
　　1. 積極的にやめさせる
　　2. 無視する
(2) コーラを飲んで空カンをすてようとしたら、近くに空カン入れやゴミ入れがありません。そのときあなたなら、
　　1. その辺にポイとすてる
　　2. 空き入れやゴミ入れなどの捨て場所が見つかるまでもち歩く

ここで、(2)の質問に関して注釈をつけたいと思います。なぜ、「社会規範調査」の①のような質問の仕方をしなかったかについてです。その理由は、①の方の質問文をよく読んでいただきますと理解してもらえると思います。①の聞き方では、「ゴミを棄てる」という行為の主体はその質問をされている本人ではなく、他人ということになります。私たちの調査では、回答者本人がその場面でとることの多い行為を知らせてもらうように修正しました。

さて、こうして調査に臨んだのですが、論文では、総理府調査との比較には、「家庭と青少年についての調査」で使われていた質問項目群を中心にして検討し、"意味ある他者"理論の有効性の検証には、「社会規範調査」をアレンジした上述の2つの質問項目を用いながら分析を進めました。

それでは、本節の課題である"意味ある他者"理論の有効性を確かめる研究についての紹介をこれより致しましょう。
　ここで、まず、考えなければならないことは、"意味ある他者"理論の有効性はどのようにしたら確かめられるかということです。私は、次のように考えました。今回の調査対象となっている高校生たちには"意味ある他者"と呼べる人たちがいるだろうか。それを知るためには高校生たちにとって"意味ある他者"となりうるような人物像をどのような言葉で聞き出すかが大切である。そこで、用意したのが、次のような質問でした（メイン・クエッションの2つは既に1章で紹介しました）。

　Q. あなたには、その人のいうことならすなおに聞き入れ、その人の指示や考えに従いたいと思う人が現在いますか。

　　<u>1．いる</u>　　　　2．いない
　　↓

　　S. Q. その中でもっともあなたがすなおな気持ちになれるのは、つぎのリストでいうなら誰でしょう。（1つだけ）
　　　1．父　2．母　3．兄や姉　4．おじいさんやおばあさん　5．おじ、おばなどの親せきの人　6．友人　7．先輩　8．学校の先生　9．塾の先生・家庭教師　10．近所の人　11．有名な文化人や芸能人　12．政治家　13．地域のリーダー　14．その他（　　　　）

　Q. あなたには、できることならその人のような生き方をしてみたいと思うような模範になる実在の人物がいますか。

　　<u>1．いる</u>　　　　2．いない
　　↓

　　S. Q. その中でもっともあなたがその人のようになりたいと思う人は、つぎのリストでいうなら誰でしょう。（1つだけ）
　　　　（選択肢は上と同じなので略します）

　また、本章1節で説明しましたように、高校生がその人からの評価を気にかける可能性の高い人物として、親、高校の教師、先輩、友人をとりあげ、それぞれの人物

からの被期待度を調べる、次のような質問も用意しました。

あなたは、以下の人たちから日ごろ何かにつけて期待をかけられていると感じていますか。

(1) 親から
   1. 非常に期待をかけられている
   2. まあ期待をかけられている
   3. あまり期待をかけられていない
   4. 無視されている
S. Q.（上の選択肢の 1. 或いは 2. に○印をつけた人に）あなたは、その期待にこたえていると思いますか。
     1. 十分にこたえている
     2. まあこたえている
     3. あまりこたえていない
     4. 全然こたえていない

〔(2) 高校の教師から、(3) 先輩から、(4) 友人から、についても同様の質問・回答を用意しましたが、それらについての表記は省略します。〕[9]

このようにして、私は、高校生にとっての"意味ある他者"の存在の有無を確認しうる質問群を用意したのでした。つぎの考えどころは、"意味ある他者"に当たる人がいるという高校生といないという高校生とではどんな違いが出てくるのかというポイントです。その違いは、どのような指標によって示されるのでしょうか。

そこで私が考えたことは、"意味ある他者"が存在するという高校生は、その人から投げかけられる評価や期待に応えるよう行動するはずだから、望ましい社会的行動を、"意味ある他者"がいないという高校生より、とることが多いであろうという予測をすることでした。そして、その望ましい社会的行動がとれるかとれな

----

(9) これらの質問項目は、「青少年問題研究会」（代表：本吉修二東邦大学教授※）の「高校生の生活意識に関する調査」の質問票から取り入れました。また、この調査からは他のいくつかの質問や言葉づかいを私たちの調査で使わせてもらいました。同研究会の皆様に改めて謝意を表します。※本吉先生は、現在は白根開善学校の理事長をしております。

いかを測る指標として使えるのが先に用意した"公徳心"の現れを示す状況設定型の2つの質問だったのです。

準備はこうして整いました。後は、関連する質問項目に沿って結果を確かめていくだけです。

ところで、その結果を報告していく前に1つ述べておきたいことがあります。それは、調査をした後で確認できたことですが、社会的に望ましい行動の現れとして用意した"公徳心"には2つのタイプがあり、一方は男性の方がとりやすく、他方は女性の方が示しやすい行動類型であるということです。公衆の中での暴力への対処として"積極的にやめさせる"態度をとるというのが男性優位型の"公徳心"で、自分が飲んだコーラの空カンを捨て場所が見つかるまでもち歩くというのが女性優位型の"公徳心"です。皆様にも確認しておいてもらいたいと思いますので、下にその結果をクロス表として示しておきます。

なお、私は、この男性優位型の"公徳心"の方を"積極的に行動を起こさなければ守れない社会道徳"というように分類して、分析を進める上で、このタイプを公徳心Ⅰと表すことにし、女性優位型の"公徳心"の方を"自分の心がけ1つで守れる社会道徳"と分類し、それを公徳心Ⅱと表すことにしました。

表8－1：性別公徳心Ⅰ
（公衆の中での暴力への対処のしかた）

	やめさせる (182人・26.8%)	無視する (482人・71.1%)
男 (374人・55.2%) 100%	34.8	63.9
女 (297人・43.8%) 100%	17.5	81.5

（上の表は、次のように読みます。男の人では、公衆の中の暴力に対して34.8%もの者が「やめさせる」ように行動するのに対して、女の人では、同じように行動する者が17.5%に止まっている、というように。なお、表中の%値は、無回答の人の分を省いているので、合計が100%になりません。このことは以下の表についても同じです。）

表8－2：性別公徳心Ⅱ
(飲んだコーラの空きカンをどうするか)

	その辺に捨てる (248人・36.6%)	持ち歩く (420人・61.9%)
男 (374人・55.2%) 100%	47.1	52.1
女 (297人・43.8%) 100%	24.2	75.1

(上の表は、次のように読みます。男の人では、飲んだコーラの空きカンを然るべき捨て場所が見つかるまで「持ち歩く」という者が52.1%に止まっているのに対して、女の人では同じように行動する者が75.1%もいる、というように。)

　このように望ましい社会的行動の指標として用意した"公徳心"の現れにこれほどの性差が出てくるのであれば、その影響を考慮しなければなりません。そのような訳で、この後の分析では、他の項目と公徳心Ⅰ及びⅡの設問をクロスさせていくのですが、その際、性差の影響がどれほどか大体の見当をつけるため、その項目の選択肢(カテゴリー)中に占める男女比を同時に掲げておくことにしました。

　前置きが長くなりましたが、これより課題の検討結果の紹介に入りましょう。"意味ある他者"の存在の有無が、"公徳心"の現れとどう絡んでくるかというところからです。表8－3は、「あなたには、その人のいうことならすなおに聞き入れ、その人の指示や考えに従いたいと思う人が現在いますか」という質問の回答と公徳心Ⅰ及びⅡに関する回答とのクロス表です(カテゴリーごとの男女の比率も示してあります)。

　この表から読みとれることは、"その人のいうことならすなおに聞き入れられる"ような人が「いる」と答えた者は、「いない」と答えた者より、公徳心Ⅰ及びⅡに関して、好ましい反応を示す率が高いということです。そして、そのことは、"そのうちもっともすなおな気持ちになれる"者として、父親、先輩、有名な文化人や芸能人を挙げる高校生たちに顕著に現れていました。

　表8－4は、もう一方の"意味ある他者"を確認する質問項目と公徳心Ⅰ・Ⅱとのクロス表です。この表からも同様の結果が出ています。即ち、"その人のような生き方をしてみたいと思うような模範になる実在の人物"が「いる」と答えた者は、「いない」と答えた者より、公徳心Ⅰ及びⅡに関して、好ましい反応を示す率が高くなっています。そして、その傾向は、"そのうちもっともその人のようになりたいと

表8－3　すなおな気持ちになれる人の有無

	公徳心Ⅰ		公徳心Ⅱ		性	
	やめさせる (26.8%)	無視する (71.1%)	捨てる (36.6%)	持ち歩く (61.9%)	男 (55.2%)	女 (43.8%)
いる (363人・53.5%)	29.5	68.6	32.0	67.2	51.8	47.1
いない (308人・45.4%)	24.0	74.7	41.9	56.8	59.1	40.6

(上の質問で、すなおな気持ちになれる人が「いる」と答えた者に対して、さらに「そのうちもっともすなおになれる人は誰か」と聞いた結果)

父 (60人・16.5%)	35.0	65.0	31.7	68.3	75.0	25.0
母 (30人・8.3%)	26.7	70.0	46.7	46.7	43.3	53.3
兄や姉 (18人・5.0%)	22.2	77.8	16.7	83.3	22.2	77.8
友人 (112人・30.9%)	24.1	74.1	32.1	67.9	40.2	58.0
先輩 (25人・6.9%)	48.0	48.0	32.0	68.0	60.0	40.0
学校の先生 (46人・12.7%)	26.1	73.9	30.4	69.6	63.0	37.0
有名な文化人や芸能人 (25人・6.9%)	26.1	73.9	30.4	69.6	63.0	37.0

表8－4　規範になる実在の人物の有無

	公徳心Ⅰ		公徳心Ⅱ		性	
	やめさせる (26.8%)	無視する (71.1%)	捨てる (36.6%)	持ち歩く (61.9%)	男 (55.2%)	女 (43.8%)
いる (342人・50.4%)	32.2	65.8	29.2	69.6	51.8	47.1
いない (324人・47.8%)	21.6	77.2	44.4	54.6	59.3	40.4

(上の質問で、規範になる実在の人物が「いる」と答えた者に対して、さらに「そのうちもっともその人のようになりたいと思う人は誰か」と聞いた結果)

父 (35人・10.2%)	45.7	54.3	34.3	65.7	88.6	11.4
母 (11人・3.2%)	36.4	54.5	36.4	63.6	9.1	81.8
兄や姉 (11人・3.2%)	27.3	72.7	45.5	54.5	81.8	18.2
友人 (35人・10.2%)	25.7	71.4	42.9	54.3	37.1	60.0
先輩 (32人・9.4%)	34.4	62.5	31.3	65.6	50.0	46.9
学校の先生 (32人・9.4%)	25.0	75.0	21.9	78.1	34.4	65.6
有名な文化人や芸能人 (136人・39.8%)	33.1	65.4	25.7	73.5	53.7	45.6

表8―5　親から、日頃何かにつけて期待をかけられているか

	公徳心Ⅰ		公徳心Ⅱ		性	
	やめさせる (26.8%)	無視する (71.1%)	捨てる (36.6%)	持ち歩く (61.9%)	男 (55.2%)	女 (43.8%)
非常に期待をかけられている (122人・18.0%)	32.0	66.4	36.1	61.5	73.8	25.4
まあ期待をかけられている (462人・62.8%)	27.5	70.9	35.9	63.1	54.0	45.3
あまり期待をかけられていない (106人・15.6%)	21.7	77.4	37.7	62.3	40.6	59.4
無視されている (12人・1.8%)	8.3	83.3	58.3	33.3	33.3	58.3

表8―6　先生から、日頃何かにつけて期待をかけられているか

	公徳心Ⅰ		公徳心Ⅱ		性	
	やめさせる (26.8%)	無視する (71.1%)	捨てる (36.6%)	持ち歩く (61.9%)	男 (55.2%)	女 (43.8%)
非常に期待をかけられている (17人・2.5%)	58.8	35.3	17.6	76.5	76.5	23.5
まあ期待をかけられている (154人・22.7%)	28.6	69.5	39.0	59.7	66.2	33.1
あまり期待をかけられていない (397人・58.6%)	25.9	72.5	35.0	64.0	51.1	48.1
無視されている (80人・11.8%)	18.8	80.0	45.0	55.0	51.3	48.8

思う人"として、父親、母親、先輩、有名な文化人や芸能人を挙げた高校生たちについて顕著となっています。

つぎに、理論の中で重要な行為として位置づけられている"意味ある他者"から寄せられる「期待」の影響について、回答結果を見てみましょう。

表8－5は、親から、日頃何かにつけて期待をかけられていると感じていますか、という質問項目と公徳心Ⅰ及びⅡとのクロス表です。ここでは、「無視されている」と言えるほど、親から期待されていないと感じている者は、公徳心Ⅰ及びⅡに関し

表8－7　先輩から、日頃何かにつけて期待をかけられているか

	公徳心Ⅰ		公徳心Ⅱ		性	
	やめさせる (26.8%)	無視する (71.1%)	捨てる (36.6%)	持ち歩く (61.9%)	男 (55.2%)	女 (43.8%)
非常に期待をかけられている (46人・6.8%)	41.3	56.5	23.9	71.7	63.0	34.8
まあ期待をかけられている (183人・27.0%)	33.9	63.9	37.2	62.3	58.5	40.4
あまり期待をかけられていない (320人・47.2%)	24.4	74.1	38.8	60.3	55.0	45.0
無視されている (88人・13.0%)	14.8	84.1	38.6	60.2	46.6	52.3

て、好ましくない反応をはっきりと示しています。

　また、表8－6は教師から期待をかけられることとの関連を見るものですが、「非常に期待をかけられている」という者と「無視されている」という者とが好対照をなしており、これは、教師から期待されていると思えることが高校生にとっていかに大切かを示しています。

　表8－7は先輩からの被期待度との関連を表しています。ここでは「期待をかけられている」と感ずる者とそうでない者との差が、公徳心Ⅰに関してはっきりと現れています。高校生くらいの年代では、先輩は親や先生など大人たちとは違った意味での影響を持っています。より身近で、モデルになりうる人たちなのです。そんな先輩から期待をされるということはやはり大事なことなのだと思います。

　さらに、表の形式では示しませんが、友人からの期待についても一言述べておきましょう。ここでは、「非常に期待をかけられている」という者（実数41人で全体の6％）と「無視されている」という者（実数27人で全体の4％）との間に、公徳心Ⅰに関して決定的な差が現れていました。前者では、51％の高校生が「やめさせる」と答えているのに対して、後者では、そう答えた高校生は1人もいなかったのです。高校生にあっては、友人から当てにされなかったり、信頼されなかったりするということは、規範感覚さえ喪失するほどの影響があることをこのことは物語っているように思われます。

以上、"意味ある他者"理論の有効性を確かめる私の調査研究を紹介してきました。ここまでの検討で"意味ある他者"理論の有効性の検証はできたとは思いますが、この時は調査対象高校の所在地が山形市近辺に限られていましたので、この段階ではこの結果をもって結論とすることを私は控えたいと思っていました。

　が、幸いにも、山形県全域にわたる調査でこのことを確かめる機会にその後恵まれましたので、その結果についても一言報告し、筆を置くことに致しましょう。

　その調査は、昭和59年から60年にかけて行ったもので、この時の調査協力高校は私立を含む20校で、調査対象となった高校生の数は3,511人（有効回答者数3,064人）でした。[10] そして、この時の回答結果を用いて、"意味ある他者"理論の有効性を確かめようとしたのが、1987年度の『日本社会教育学会紀要』に載っている私の論文「高校生の公共心に関する一考察——山形県における調査を通して——」だったのです。

　その結果につきましては、対象が広がっておりますので（前回は山形市近辺の公立高校の生徒のみであるのに対して、その時は私立高校生も加わり、しかも地域も山形県全域に広がっている）、"意味ある他者"の存在を確認する項目以外のところで異なる傾向が若干見受けられましたが、大筋では前回の結果と同様のものでした。

　そのような訳で、"意味ある他者"がいるということを意識できる子どもは、そうでない子より社会的に望ましい行動をとりやすい、ということは言えるのだと思います。

　最後になりましたが、前の私の論文では"公徳心"という表現になっていたのに、後の論文ではなぜ"公共心"という表現になったのかについて一言コメントしておきたいと思います。これは、実は、私の研究室の大先輩が私に忠告してくれたからなのです。「佐多君はどうして"公徳心"などというような古い言葉を使うの?」と。そのようにいってくれた先輩は、きっと"徳目"の押しつけを感じさせる言葉とし

---

(10) 本調査は、昭和59年度・60年度の文部省特定研究経費で賄われ、山形大学教育学部の澤井昭男教授（当時）、伊勢孝之助教授（当時）及び筆者の共同研究で行われました。この調査研究は、「山形県における児童・生徒の価値意識に関する実証的研究」と題し、山形県内の高校1・2年生、中学1・2年生、小学1・3・5年生及びその両親（並びに調査被抽出校の教師）を対象としています。

て、この"公徳心"という言い方を捉えていたのだと思います。私は、その言葉を、単純に社会的に望ましい行為をとろうとする心というように捉えていましたし、望ましい行為の指標となるものを設定しなければと考えてこの用語を使っていたのですが、もし"公徳心"という言葉がそのようなニュアンスをもっているとするならば、そうした響きをもたない"公共心"に改めようと考えたのでした。

　最後までお読み下さり、ありがとうございました。

結びにかえて

　近年、わが国で「教育病理」や「学校荒廃」と呼ばれている様々な問題は、日本社会が高度経済成長期に入る少し前から現れ始めました。これは、多くの家庭で子どもを高校に進学させたり、さらには大学にまで行かせたりすることができるようになる時期と重なっています。

　近頃では、高校はもちろんのこと、その上の段階の教育機関に進学することは多くの人たちにとって常識となっています。このことは、より多くの子どもたちが自分が望む段階までの教育を享受することができるようになったという意味では喜ばしいことなのだと思います。

　しかし、現代日本社会は、学歴社会だとか、学校歴社会だとかいった言葉が示しますように、より高いレベルのより難易度の高い学校へ進むことがその後のより良い生活を保証するのだという考え方が染みわたっている社会でもあるのです。そうした見方は過去の幻想だとか、単なる信仰だとかいう人たちもいますが、それを支える社会の現実は今日でも沢山あります。

　このように高度経済成長期以降の日本の社会を「学校化社会」と私は捉えていますが、今日の日本社会が「学校化社会」の様相をいかに呈しているかということは、本書の課題にはしませんでした。そうした類の書物は他にいくつもあるからです。私が本書で訴えたかったことは、競争と序列化が求められる「学校化社会」の中で生きていかなければならない子どもたちに、まわりの大人たちがどのような期待をもって関わっていったらよいかを過去の事例や調査から学んでほしいということでした。

　本書で最も訴えたかったことは、子どもとの望ましい関わり方は、子どもへの正しい期待の投げかけと子どもの発達の可能性を信じるところから始まるということでした。このように"意味ある他者"理論の視点から"教育の原点"を見つめ直すというのが、本書での私のテーマだったわけです。

　もう1つの訴えも強調しておきたいと思います。それは、大人が気がつかないうちに子どもが追いつめられているということが多々あるということです。子どもを追いつめるものは、今日では色々ありますが、大人がその張本人になっているということも往々にしてあるのです。子どもの教育に責任のある大人はそれだけは避けたいものです。そんなことを意識しながら、そうならないように子どもと関わるにはどうしたらよいかを書いてきたつもりです。

　私の提案が少しでも皆様のお役に立てば、何よりの喜びです。

2005（平成17）年2月13日　　　　　　　　　　　　　　　　佐多不二男　記す

【筆者紹介】

佐多不二男（さた　ふじお）
1994年生まれ　東京都出身
1968年東京教育大学教育学部教育学科卒業
1970年東京教育大学大学院教育学研究科修士課程修了
1975年東京教育大学大学院教育学研究科博士課程退学
　　　小田原女子短期大学で3年間勤務した後、山形大学に赴任。
2005年3月現在、山形大学教授（地域教育文化学部）

著　書
　　　『社会教育講座3　社会教育の経営』（共著　第一法規）
　　　『現代学校論』（共著　亜紀書房）
　　　『地域を拓く学びと共同』（共著　エイデル研究所）

教育を忘れた学校化社会
―"意味ある他者"理論からみる私の教育学―
2005年4月22日　初刷発行

　　　　　　　　　　　著　　者　　佐多不二男
　　　　　　　　　　　発　行　者　　大塚　智孝
　　　　　　　　　　　印刷・製本　(株)平河工業社

発　行　所　エイデル研究所　〒102-0073 千代田区九段北4-1-9
　　　　　　　　　　　　　TEL 03(3234)4641　FAX 03(3234)4644

©Fujio Sata　　　　　　　　　　　　　　　　　Printed in Japan
ISBN 4-87168-391-5 C3037